清朝热搜榜

盛极而衰卷 →

黄荣郎 著

中国法制出版社
CHINA LEGAL PUBLISHING HOUSE

序 言

之前有一次回乡下祭祖，我在家族宗祠中发现了清朝时由福建渡海到台湾的先祖的名字，他是我爷爷的爷爷的爷爷（说实在的，我这不肖子孙竟有点记不清楚到底是隔了几个爷爷），这是我第一次感觉到历史离我这么近。清朝，就是这么一个既陌生又熟悉的朝代。朋友中，有人在高科技公司上班，但他几代以前的阿公却是清朝的王爷；有人打扮得充满时尚感，但小时候曾见过缠着小脚的祖母；也有人住在高楼豪宅中，而其祖屋却是百年前留下来的传统建筑。我们或许说不出宋代、明代的古人和我们有什么关系，但清代的古人却或多或少与我们有些关系。

在爱新觉罗氏的指挥之下，清朝开创了傲视全球的康乾盛世；在西方科技与武力的叩门声之中，沉睡已久的清朝受到了前所未有的冲击；在新思潮的兴起之下，传承了两千多年的封建君主专制政体迅速崩溃瓦解。清代是一个充满矛盾与冲突，兼具荣光与哀歌的新旧交替的时代，中国的历史长河在清代汇入了国际化的大洋之中。《清朝热搜榜》系列便是试着在与历史对话的过程中去传递过往的记忆，去追溯大清的真实样貌。

我在编写《战国热搜榜》系列时，为了搜集足够的史料而遇到许多难题，这次的困难之处却完全反过来了。由于清代离我们较近，遗留下来的材料可说是有如瀚海一般，实录、传记、行状、地方志、笔记，以及学界的专著论文可说是多到令人窒息的地步。如何删减裁切，让读者能看得精彩又不至于晕头转向，反倒成了《清朝热搜榜》系列最困难的地方。虽然清朝的历史应该追溯到一五八三年努尔哈赤以十三副遗甲起兵，但因为"创业"时间拉得较长，为免影响紧凑感，我把这一部分留在《明朝热搜榜》系列再写，所以本系列从公元一六二六年努尔哈赤的最后一场战役写起，一直到辛亥革命成功的一九一一年结束。

《清朝热搜榜》系列共分五册，前两册以轻松的方式再现辽东争霸、明亡清兴的惊险过程，展示皇太极内固皇权、外并天下的秘闻，重现闯王李自成攻占北京、吴三桂引清兵入关的场景，窥探摄政王多尔衮、顺治帝福临两人之间的恩仇，鄙视南明诸王苟延残喘、互扯后腿的闹剧，展现郑成功驱逐荷兰人、收复台湾、抵抗清军的豪壮，以及康熙智擒鳌拜、平三藩收台湾，一统天下的气势。三册、四册则重现康乾盛世的荣光，再现康熙大帝执政的心路历程，窥探诸位皇子为储位的明争暗斗，展现四爷雍正高深莫测的政治手腕。在赞叹乾隆缔造了盛世的同时，也垂泪于东方巨龙的闭关沉睡。最后一册则写尽曾经睥睨天下的大清，从当世富豪变成破落户的辛酸，以及一次次与外敌对抗所带来的屈辱。

除了专题报道，以及可以快速轻松查考及搜索历史事件的"热搜事件榜单"之外，我也特别在相关的时间点上，加入了一些国际要闻，以便让读者更好地了解清朝与当时国际趋势之关系。在每一年的版头都清楚地标注了事件发生的年代，内文涉及月、日的部分，为了与古籍记载相符，都采用阴历，以免读者混淆，不便之处，还请读者见谅。在一些皇帝名字后面的庙号，其实是要等到人死了之后才会给的，只是为了方便读者在熟悉的传统人物印象与本书角色之间切换，才特别以括号注记。另外，顺带一提的是，清初的发辫并不像清宫剧人物那样潇洒有型，其实只在脑后留了大约一个铜钱的大小，绑起来的辫子有点像老鼠尾巴。那样子实在是过于滑稽，丑到连我自己也画不下去，为免英雄人物的形象在读者眼前幻灭，所以还是美化了一下，要提醒各位读者不要搞错了。

当年，西方列强高举殖民主义旗帜，以武力强行打开中国市场，用鸦片赚取高额暴利；当年，民不聊生、赤字高悬，达官显贵依然过着奢华的生活；当年，人们看到一次又一次翻身的机会，却又一再让机会从指缝间溜走。而轰隆的枪炮声及人民的怒吼，就宛如为大清国特别谱写的哀歌。鉴古知今，唯有学到历史的教训，才能不再犯下错误。真实地写史，是身为一个历史作家的责任，但了解并创造新的历史，是所有两岸中国人共同的义务。我们知道，百年前的昨天，从云端跌落的古老中国惨遭列强欺凌；但我们希望，百年后的今日，自谷底重生的新中国能让世界致敬。

或许有些人会觉得历史是一些老掉牙的东西和故事，对生活没有什么帮助，不如看些励志、理财、健康、美食或是科技方面的书比较实用。其实我年轻时也这么认为，但一直到进入社会之后才发现，做事是本分，做人才是关键。做事的方法你可以凭着自己不断的努力去领会，但做人的道理却必须借着一次又一次的错误，才能领会。有很多时候你吃了同事或老板的闷亏，才会恍然大悟；有很多时候你说了不对的话，或做了一些错误的决策，才会感到追悔莫及。其实这些，历史上已经出现过很多次了，它就像一面明镜，反映出人类不断重复的行为模式。当你把历史故事转化为智慧的时候，就会发现它是最实用的一门课程。毕业之后，以前所学的微积分之类的科目，几乎没有在生活中派上用场。而写作过程中大量接触到的历史故事，却让我更能洞悉事情的发展脉络，更能做出正确的判断与恰当的反应。千万不要以为你我和古人有什么不同，我们和古人的思考模式并没有区别。所谓鉴古知今，就是借由古人的经验，让你有了了解现在的能力。而人生的胜负，往往只取决于几个重要的抉择点，以及一念之间的差异，不是吗？

　　不管这个时代的我们身处何处，数千年同源同种的历史文化，却是中华儿女共同的根与骄傲。谢谢中国法制出版社的诸位前辈，在编辑过程中给予的指导与协助。希望这一系列的出版，可以帮助读者们用更轻松的方式获得乐趣与知识，在朋友间晋升为历史达人。谢谢正在翻阅这本书的朋友们，愿意让我的创作占用您一点点美好时光。

目 录

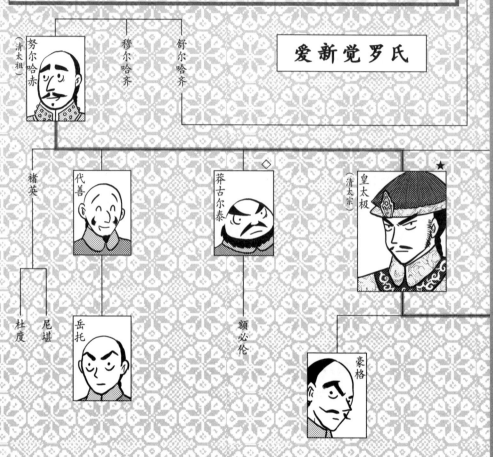

皇族世系表（部分）·大清

爱新觉罗氏

努尔哈赤（清太祖）

穆尔哈齐

舒尔哈齐

褚英 — 尼堪 / 杜度

代善 — 岳托

莽古尔泰 — 额必伦

皇太极（清太宗）— 豪格

努尔哈赤诸子

★ 叶赫那拉氏之子
■ 乌喇那拉氏之子
◇ 富察氏之子
　 其他

阿敏

济尔哈朗

德格类

◇

阿济格

■

多尔衮

■

多铎

■

福临

（清世祖）

（宸妃海兰珠之子）

备注

宸妃之子及董鄂妃之子均早殇，未取名。

皇族世系表（部分）·大清

爱新觉罗氏

皇族世系表（部分）·大清

（清仁宗）颙琰

（清宣宗）旻宁

（清文宗）奕詝

慈禧

奕䜣

奕譞

（过继）

（清穆宗）载淳

（清德宗）载湉

载沣

（过继）

（宣统帝）溥仪

爱新觉罗氏

皇族世系表（部分）·大明

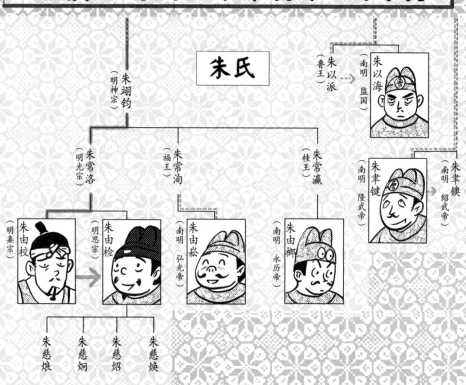

朱氏

（明神宗）朱翊钧

（鲁王）朱以派

（南明 监国）朱以海

（明光宗）朱常洛

（福王）朱常洵

（桂王）朱常瀛

（南明 隆武帝）朱聿键

（南明 绍武帝）朱聿鐭

（明熹宗）朱由校

（明思宗）朱由检

（南明 弘光帝）朱由崧

（南明 永历帝）朱由榔

朱慈烺

朱慈炯

朱慈炤

朱慈焕

重要登场人物·大清

茅古济 范文程 海兰珠 庄妃 汤若望 董鄂妃

洪承畴 孔有德 吴良辅 张悬锡 麻勒吉 朱国治

南怀仁 索尼 鳌拜 苏克萨哈 遏必隆 李国英

明珠 索额图 施琅 靳辅 姚启圣 于成龙

杨光先 万正色 孝庄太皇太后 李光地 费扬古 年羹尧

田文镜 鄂尔泰 李卫 岳钟琪 张廷玉 于成龙

注：本页登场人物中，"庄妃"和"孝庄太皇太后"实为一人，因前后形象差异较大，故同时列出。

重要登场人物·大清

苏麻喇姑　满保　孙思克　傅尔丹　徐元梦　赵凤诏

黄廷桂　夏之芳　海望　纳延泰　阿克敦　鄂善

傅恒　讷亲　兆惠　阿桂　和珅　福康安

刘墉　温福　张照　张广泗　班第　杨应琚

明瑞　舒赫德　纪昀　桂林　阿尔泰　窦光鼐

常青　尹壮图　策凌　雅哈尔善　白钟山　庆复

重要登场人物·大清

傅清　阿布敦　刘藻　孙嘉淦　永常　郎世宁

策楞　陈辉祖　曾国藩　李鸿章　左宗棠　袁世凯

林则徐　曾纪泽　肃顺　穆彰阿　刘铭传　丁汝昌

琦善　僧格林沁　向荣　叶名琛　桂良　文祥

载垣　康有为　马新贻　崇厚　刘永福　沈葆桢

那彦成　李长庚　奕经　端华　刘步蟾　黎元洪

重要登场人物·大清

 百龄
 杨芳
 奕山
 端方
 载泽
 毕沅

 胡雪岩
 李光昭

重要登场人物·大明

 袁崇焕
 魏忠贤
 毛文龙
 祖大寿
 曹文诏
 卢象升

 左良玉
 张凤翼
 苗胙土
 杨嗣昌
 孙传庭
 吴阿衡

 高起潜
 贺人龙
 周延儒
 史可法
 李建泰

重要登场人物·其他

耿仲明

吴三桂

尚可喜

吴应熊

尚之信

耿精忠

王辅臣

李自成

牛金星

张献忠

孙可望

林丹汗

刘宗敏

李定国

高迎祥

罗汝才

郑芝龙

郑成功

郑经

郑克藏

冯锡范

郑泰

何斌

噶尔丹

拉藏汗

策妄阿拉布坦

罗卜藏丹津

噶尔丹策零

颜罗鼎

莎罗奔

阿尔布巴

纳木扎尔

喇达尔扎

珠尔墨特那木札勒

达瓦齐

渥巴锡

重要登场人物·其他

索诺木　黎维祁　张格尔　彼得罗芙娜　乔治三世　华盛顿

多罗　马戛尔尼　洪任辉　拿破仑　维多利亚女王　明治天皇

拿破仑三世　赫德　李泰国　蒲安臣　斯坦因　郭士立

亚马喇　朱一贵　杜君英　林爽文　庄大田　王伦

王聪儿　林清　洪秀全　杨秀清　萧朝贵　冯云山

韦昌辉　石达开　孙文　杨衢云

第 一 章

十全武功　英使来华

（公元一七七五年～一七九五年）

本章大事件

▶ 和珅崛起
  快速升迁

▶ 难怪和珅会红……
  首倡议罪银制度化
  罚金收入皇帝口袋

▶ 阿桂大破勒乌围
  索诺木逃逸无踪

公元一七七五年　　**公元一七七六年**　　**公元一七八〇年**　　**公元一七八一年**

▶ 土司索诺木献降
  阿桂平金川建功

▶ 英北美十三殖民地
  发表《独立宣言》

▶ 和珅征回无建树
  阿桂调拨诸将服

▶ 甘肃连年干旱赈济
  乾隆疑惑密令调查

▶ 甘肃官员集体贪污冒赈
  乾隆无奈放宽处罚标准

▶ 水患频传……
  灾民伤心没饭吃
  官员开怀有钱拿

▶ 案外案
  甘肃冒赈官员被抄家
  黑吃黑
  闽浙总督调包被发现

▶ 圣驾第六次南巡

公元一七八二年　　**公元一七八三年**　　**公元一七八四年**　　**公元一七八五年**

▶ 十三州赢得独立战争
  英与美签署《巴黎和约》

▶ 仿圣祖再办千叟宴
  参与长者近四千人

▶ 日食不利改元
  乾隆帝将做满六十年

2

▶ 天地会刀下结盟
　 林爽文台湾起事

公元一七八六年

▶ 国库存银八千万两
　 大清经济迅速发展

公元一七九一年

公元一七八七年

▶ 官军渡海反遭夹击

▶ 福康安军至
　 北路爽文被俘

公元一七九二年

▶ 英使马戛尔尼求觐获准

▶ 拼拼凑凑
　 乾隆自称十全老人

▶ 马戛尔尼使节团抵津
　 大清政府高规格礼遇

▶ 英商叩门无功返
　 弘历无视失警觉

公元一七九三年

公元一七九四年

▶ 乾隆帝公布传位密旨
　 十五阿哥永琰立为太子

公元一七九五年

▶ 错失良机
　 无缘奋起
　 英礼涵盖科技新知
　 原封不动收入库中

阿桂大破勒乌围

正在进攻大金川的定西将军阿桂，于年初派兵攻占勒乌围大寨外的第一要隘康萨尔山梁之后，又攻克甲尔纳、堪布卓沿河各碉寨。但就在手气正顺时，却碰上连续数十日的雪雨，使得攻势一度受阻。等到四月天气转晴之后，阿桂再度下令发起攻击，由副将军明亮所率的北路军横扫数百寨落之后，与阿桂的西路军形成滨河夹击勒乌围之势。七月的时候，清军先攻下大金川的火药库隆斯得

索诺木逃逸无踪

寨，缴获铅子无数、火药一百余篓、劈山炮子一万一千余颗、枪子十四万三千余颗。到了八月中，清军又对勒乌围发动了总攻，先破其卡栅数十重，又毁桥断其退路，然后再以大炮轰城。最后在炮火无情的摧残之下，这座曾令清军头痛不已的勒乌围碉堡终于被破。可惜的是，当清军进入碉堡之后，大金川土司（获清廷认可的边疆民族世袭头领）索诺木早已不见踪影，目前清军正在搜寻其下落。

恶人先告状　渎职知府滥用加急驿递

贵州镇远知府（地方行政长官）苏墧不久前以六百里加急驿递（快马日行六百里的紧急限时专送），向刑部状告该省总督、布政使（总督与布政使都是地方行政长官）、按察使（地方司法及监察长官）串通一气的不法事件。乾隆帝在获报后认为此事牵扯封疆大吏，不可不彻底深查，所以便派刑部侍郎（高级官员）袁守侗前往贵州查案。在深入调查之后，他们发现根本是苏墧自己贪赃枉法，在得知总督图思德要举报他时便先发制人来个恶人先告状。真相大白之后，苏墧已被斩决（立即执行斩首之刑）。而乾隆帝亦再次申谕除非是有兵部火票（由兵部所发紧急传递公文之凭证）要传递军情，否则绝不可擅动驿马。如要揭发上司者，仍需自行请家人投书。

4

年度热搜榜

【乾隆四十一年】公元一七七六年

乾隆皇帝东巡　进贡歪风盛行

年初时，弘历第四次东巡，这一次不同于以往的是，沿途来接驾的王公大臣特别多，不只有河北、山东的地方大员，连附近的蒙古贵族、盐政织造，甚至远在湖广、四川、广东的封疆大吏也全都跑来了。而每一个前来恭候圣驾的官员，车队都堆满了要进贡给皇帝的珍宝，准备要用这些价值不菲的玩意儿来讨皇帝的欢心。记得弘历初登位时，是不准官员进贡的，因为他说这样会造成风气的败坏，并增加民间的负担。但自从乾隆十六年（一七五一年）首次南巡，开了纳贡先例之后，疯狂收集贡品的行为便成了各地官员最重要的分内工作。而根据这些官老爷的分享，皇帝最喜欢的东西是西洋钟表、字画以及古玉等高档货。另外，精巧的扳指、鼻烟壶、小刀等，被皇帝收下的概率也都蛮高的。评论家认为，这种腐败的风气，将使得越来越多的封疆大吏把该推行的政务放在一边，而费尽心机为皇帝购置贡品。相信用不了多久，凡是皇帝出巡或是节庆生日等可以找得出名目进贡的日子，全国都将变成大小官员争相比赛贡品的疯狂聚会。

5

土司索诺木献降　阿桂平金川建功

阿桂成功平定金川

之前由勒乌围脱逃的大金川土司索诺木，被发现藏匿在噶拉依大寨之后，定西将军阿桂便集中力量准备擒剿祸首。而这时除噶拉依之外，大金川几乎已全数在清军的掌控之中。索诺木的母亲见到情势危急，原本还打算到河西去召集人马以图扭转颓势，但是却陷入清军的重重包围之中而无奈投降。于是，阿桂一面要求她投书招降索诺木，另一面对噶拉依发动更猛烈的攻击。到了二月初，再也撑不下去的索诺木终于跪捧印信，率领两千余名族人出寨投降并乞免诛戮。至此，费五年之力、十万之师、七千余万两白银之帑的大金川之役完全结束。在索诺木被槛送京师之后，此役中建功最大的阿桂也被封为一等公，并担任吏部尚书（高级官员）、协办大学士（高级官员），其余有功人等亦同时都获得封赏。之后，为了能更有效地掌控该地区，清廷也决定增设成都将军（军事指挥官）一职，以明亮为首任成都将军，和总督同驻成都，而四川提督（军事指挥官）则移驻雅州，并在两金川采驻兵屯田之制，每三名士兵给地一分，其中二人当差，一人耕种，并分建碉堡以供官兵进驻。

弘历宣布避讳新规定　减少将来民间大困扰 ⋯⋯⋯⋯

　　因乾隆帝的儿子辈早已由康熙帝钦定为"永"字辈，而孙子辈则由乾隆帝钦定为"绵"字辈，而这两个字都是民间取名时常用的字，所以等到日后新皇帝要登基的时候，势必有一大批人因为要避开皇帝的名讳而不得不改名。这种情形，就像当初雍正帝胤禛继位时，众兄弟都得把"胤"改为"允"一样。为了避免这个问题，弘历在日前颁下谕令，日后新皇帝继位时，只要将自己名字中的"永"改成较少见的"颙"，"绵"字改为"旻"即可，这样就不会有那么多人都必须改名以避其讳了。

英北美十三殖民地　发表《独立宣言》

什么鬼宣言，当我是空气吗？给我打！

英王乔治三世

在乾隆二十八年（一七六三年），《巴黎条约》签署，欧洲七年战争和英法北美殖民地争夺战结束，英国为维护在北美的利益，便对北美十三个殖民地颁布了一系列高额税收法令。这些沉重的经济负担，逐渐激起殖民地人民的强烈反抗，也导致双方的关系因此越来越紧张。到了乾隆三十九年（一七七四年），除佐治亚之外的十二个地区选派了五十六位代表在费城召开大陆会议。会中决定要彻底改变宗主国与殖民地的关系，并组织了民兵部队。第二年（一七七五年），英军得知民兵部队在波士顿附近设有武器库，便想出兵搜剿。但消息却为当地的民兵组织所知悉，因而双方爆发了第一波冲突。随后英国当局宣布殖民地民兵的反抗行为违法，并于年底调动五万武装部队前往镇压。而殖民地的大陆会议则决议成立大陆军团，并以乔治·华盛顿为总司令，同时发行纸币，接管英国对殖民地行使的所有主权。今年（一七七六年），大陆会议又宣布十三个殖民地正式脱离英国而独立，并通过了主要由来自弗吉尼亚的代表托马斯·杰弗逊起草的《独立宣言》。宣言中揭示了人民应享有生命权、自由权，以及追求幸福的权利，并对英王乔治三世及英国人不合理的殖民统治提出控诉及谴责，同时宣告解除效忠英国王室的一切义务，并断绝和英国之间的一切政治关系。宣言中也强调，作为一个自由独立的国家，（美利坚）完全有权宣战、缔约、结盟、通商，具有一切独立国家应有之权力。目前来看，双方已免不了一战，而大陆军团虽然兵力较弱，但在华盛顿的指挥之下，据闻已经打算采取持久消耗的策略，准备与英军长期作战。

年度热搜榜

太后仙逝　普免钱粮

原本在皇太后九十岁万寿节时才要实施的普免全国钱粮，因皇太后已于年初以八十六岁高龄去世，所以提前在今年实施，依例分三年普免钱粮，总计达二千七百余万两白银之多。

湖南跟进设立普济堂 老病无依者有所归依

基于各省都已陆续设立收容老病无依之人的"普济堂"，而湖南却只设有"养济院"以收容乞丐，所以湖南巡抚（地方行政长官）已奏准动用借给商人的四万两库银所生的利息，于省城开设普济堂，以照顾老病无依之人，预计收容规模可达五百人。

教人避讳却自爆地雷　王锡侯《字贯》惹祸杀身

江西举人（乡试上榜者）王锡侯认为《康熙字典》收录的字太多，在实际使用上难以查寻，为了方便考生查阅，而将内容加以删减节录，重新编成号称精简版的《字贯》一书。可是这原本想方便学生们学习的美意，却意外遭人以擅自改动圣祖御编《康熙字典》之由检举。江西巡抚海成在审查后，也认为此举确有悖逆不妥之处，于是便以删改御纂书籍之罪将王锡侯起诉，拟议革去其举人资格，同时将《字贯》全书共四十册呈送至京。不过弘历在亲自审查时，又发现《字贯》的凡例部分，为了教学生们如何避写庙讳及御名，竟然直接把"玄烨""胤禛"，甚至当今皇帝"弘历"的名字全都按原字写了出来，然后才教人要如何缺笔或以他字代替，以避免不小心误写这些应避讳的字。结果，教人家要小心的却自己不小心误触地雷，而被以大逆罪直接砍头了。而原本想借此案邀功的江西巡抚海成，反而因为所拟定的罚责太轻而被革职，其他还有许多受到牵连的官员也都分别受到革职或降级的处分。此案已经造成各省震动，预计全国各地将会掀起一波文字狱的高潮。

年度热搜榜

【乾隆四十三年】公元一七七八年

多尔衮等王获平反　允禩允禟得弃贱名

正月时，弘历发布了一项为先朝开国有功诸王平反的谕令，表示在顺治八年（一六五一年）福临亲政后便被削爵罢封的多尔衮（顺治帝福临叔父），在世时可说是立心行事，深明君臣大义。而先前所颁谕的种种罪名，其实并非出于世祖圣裁，乃是宵小奸谋者在多尔衮死后夺权所造成的冤狱。所以弘历决定恢复多尔衮和硕睿亲王之封爵，并由其五世孙承袭爵位，其他如豫亲王多铎（多尔衮弟）、礼亲王代善（皇太极兄）、郑亲王济尔哈朗（皇太极堂弟）、肃亲王豪格（皇太极长子）、克勤郡王岳托（代善子）等国初有功诸将，都一并恢复原

听说你们的名字已经被恢复了……

无所谓啦，反正我们在这里都用编号。

爵并配享于太庙东庑之中。随后，弘历也认为雍正年间被削籍改名为"阿其那""塞思黑"的允禩及允禟，其实并没有明显的悖逆行为，而且先帝晚年对于严惩亲兄弟的决定亦颇感后悔，是故下令恢复二人的本名，并重新收入玉牒（皇室族谱）之中，连同其子孙也都恢复皇室宗籍。

太监遇官不知让路　乾隆降旨申斥严管

不久前，乾隆帝在乾清宫西暖阁内，偶然望见窗外有两名官员行走，而迎面走来的一名太监却丝毫没有让路的打算，硬是这么给挤了过去。看到这种情况的乾隆帝十分不高兴，认为这些太监实在是越来越不像话了，若不加以严格控管的话，用不了多久便会衍生出外臣勾结内宦，或是太监倚势干政的诸多弊端。于是便再次重申雍正时曾颁布过的谕旨，要求太监遇诸王大臣时必须起立，行走时则必须让路，以存恭敬之心。同时严格要求总管太监务必管束手下的人员，否则再有不合礼制的行为发生时，将一并治罪。

田产纠纷惹来文字狱
壶胡谐音竟成铁证

近年来，因文字狱获罪的人实在不少，而且几乎都被处以重刑，不但活着的要被砍头，连死去的人也要被拉出来戮尸。今年，又有人举报说乾隆初年的已故举人徐述夔，生前所著《一柱楼诗》内容有悖逆之文。而本案之所以被检举，是因为刊刻此书的徐述夔之孙徐怀祖，与同县监生（具有学校入学资格者）蔡嘉树因一些田产纠纷而结下仇怨，于是才被挟怨报复，被检举该书中有"明朝期振翮，一举去清都"的悖逆字句。本案经奏闻之后，乾隆帝又发现本书另一首诗中还有"大明天子重相见，且把壶儿

有壶！快跑！

喂！我只是拿了个茶壶出来，又不是夜壶，怎么跑了？

搁半边"字句，其中的"壶儿"显然是"胡儿"的谐音。在罪证确凿的情形下，已故的徐述夔、徐怀祖都被开棺戮尸，为该书作序、跋及校订的沈德潜、毛澄等多人，也都遭到牵连。

生员跪道提建言遭斩　乾隆声明六十年退位

今年九月的时候，有一位锦县的生员（秀才，具有参加乡试资格的知识分子）金从善，在乾隆皇帝弘历自盛京返京的途中突然跪道呈词。而在所呈上的陈情书中，则是建言了立储、立后、纳谏、施德四事。我们不知道金从善此举究竟只是怀抱着理想，还是想要借此博取平步青云的机会。但不论其目的为何，结果都是触怒皇帝而被立即问斩。只是弘历回到京城之后，对于此事仍旧一直耿耿于怀，所以便再度传谕重申立嫡（将皇位传

给嫡长子）的诸多流弊，并宣布将雍正帝所发明的"秘密建储"立为大清家法，要求后代子孙严格遵守，不得变更。同时，乾隆帝也发表了惊人的声明，表示圣祖康熙在位时间为六十一年，自己将不会去打破这个纪录，会在乾隆六十年的那一年，把皇位传给他的儿子。至于是谁要来接手大位，则要等到十七年之后，将密旨从正大光明匾后面拿出来的那一刻才会揭晓。

黄河不断决口 阿桂接手治水仍不见其效

仪封、考城等州县去年（一七七八年）因为接连降下数月的豪雨，暴涨的河水使得堤岸出现多处宽达数十丈的决口，并造成许多地方的农作物损毁惨重。虽然清廷很快拨款抢修，但迄今为止，黄河又连续三次大溃堤，使得负责这项治河工程的两江总督高晋也因为督工不力而被革职。于是弘历只好派大学士阿桂前往仪封负责筑堵决口。经过一

番努力之后，黄河仍发生了两次决口，安徽、河南也依旧泡在水中。原本就不懂治水的阿桂也因此多次上折请罪，但弘历大概也知道这非他所长，所以并没有真的降罪于他，只是在这一年多的时间里，筑堤所动用的银两已经高达五百六十万两，而灾区依旧汪洋一片，随时都有再被大水吞噬的可能。

乾隆五度下江南　地方高规格迎接

为什么我们也要跟着南巡？

快走！

听说皇帝喜欢喝奶茶，所以……

南巡时动员的物资相当惊人，光是乳牛就要好几十头

因为今年适逢弘历七十寿诞，为了庆祝八月的这个伟大日子，所以朝廷已宣布要普免天下漕粮（专供京城食用之米粮），并于正月十二进行第五次南巡。据闻，出发之前负责饮食的部门还先从北京送了茶房用的乳牛七十五头，以及膳房用的羊一千头到宿迁、镇江等地备用。就连饮用水也是十分讲究，每天都由北京直送冰块，还沿途取直隶的香山静宜园泉水及济南珍珠泉、镇江金山泉、杭州虎跑泉等名泉之水以供饮用。而这次御船行经镇江时，当地官员还安排了一个大惊喜，在乾隆帝的大船靠近时，只见岸边一颗巨大的红桃在烟火四射之下打开，结果竟然是一个可容纳数百人同时表演的露天剧场，场上还特地上演了一出寿山福海新戏，让皇帝在船上看得十分尽兴。看来官员们为了博得皇帝的欢心，还真是绞尽了脑汁，搞足了排场，将创意发挥到了极致。

云贵总督李侍尧涉贪　乾隆尚未做最终裁示

弘历在南巡途中，特命军机大臣（高级官员）、户部侍郎和珅等人前往贵州查办云贵总督李侍尧被控贪污渎职的案件。结果李侍尧被查出贪赃金额高达三万多两白银，同时还将勒索下属得来的两颗珍珠，分别强卖给另外两个部属，并各索要数千两。连李侍尧的家人张永受也从中上下其手，分别在京城及老家，以赃银购置良田数顷、住屋数十间。侦查完毕之后，和珅已议请将李侍尧斩监候。不过大学士却认为李侍尧罪大恶极，所以又复议将其改为斩决（立即执行处斩之刑）。不过到目前为止，弘历仍未对此做出最终的裁示。

南巡大排场！ 钱从哪里来？

官民踊跃捐款　皇帝高兴减税

每次皇帝的南巡之旅，依惯例都不由政府部门支出所有经费，除了内务府支出的必要款项外，其他大部分的经费都是由官民自愿捐助而来的。例如这次，直隶地区的官员总共捐了五万两的养廉银（本俸之外补贴给官员的钱，通常有薪水的几十倍之多），山东的官员则捐助了养廉银十三万余两，江南官员也捐出了养廉银十二万余两。对于排场阵仗十分满意的乾隆，看了这些官员如此踊跃捐助，甚至连他们自己的生活及办公交际费都给拿出来了，于是便从两淮盐商所捐助的一百万两白银之中抽取部分，把这些钱补还给了官员们。账面上看起来好像是盐商的捐助涵盖并补足了官员的捐款，仍然没有动用到公款，但是听说皇帝因为十分高兴，所以已经打算蠲免盐商们应缴的一百二十万两税银，并缓征二十七万两，也就是等于减少了商人一百四十七万两的税金支出。这样计算的话，两淮盐商们扣除捐献的一百万两白银，竟然还净赚了四十七万两之多。而官员们大兴土木，不惜捐出自己的养廉银，不但事后会被补足，还被加码恩赏，拿回的比捐出的还要多，更不用说工程进行时从中克扣贪污的款项了。以此看来，南巡的费用名义上是由官民捐助，但实际上却是拿国家的国库税收来为皇帝做排场。

15

和珅崛起　快速升迁

由于和珅在乾隆四十一年（一七七六年）接任内务府大臣（中级官员）之后，很神奇地将之前经常入不敷出的内务府扭亏为盈，又在乾隆四十三年（一七七八年）兼任崇文门税务监督时，使该部门的税收一下子跃升到全国三十几个税关中的前几名，所以在今年三月，弘历便任命和珅为户部尚书，把国家财政部门交给这个理财专家来管理。到了六月时，又任命和珅为正白旗领侍卫内大臣（高级官员）。而和珅之所以崛起，听说是在乾隆三十六年（一七七一年）弘历东巡祭孔时，担任銮仪卫侍卫的和珅刚好随侍在皇帝的小车旁边。当时弘历随口问了和珅的出身及是否参加过科举，之后又问他考试时的题目是什么。在和珅回答是"对孟公绰一节"之后，弘历忽然要他把当时所写的文章给背出来，结果和珅竟然真的就一边随行在车驾旁边，一边流畅地把这篇好几年前写的文章背诵了出来，令弘历对这个年轻的侍卫印象深刻。也有人说，有一次弘历刚好在阅读公文时看见其中有要犯脱逃的报告，便很生气地说了一句"虎兕出柙"。而众侍卫没有人知道皇帝这句话是什么意思，全都接不上话，以至于场面显得有些尴尬。这时只有和珅从容地说："爷（指皇上）是说负责看守的人不能推诿其责任。"从此之后，和珅便开

和珅在政坛崛起的速度相当惊人

始受到弘历的重视，加上和珅本身记忆力惊人，任何事只要他听过或匆匆瞥见，都能立刻记住并掌握重点，因而深得弘历的器重。所以才能在短短的几年间，便从仪仗总管升侍卫、副都统（军事指挥官）、侍郎，又到军机大臣、内务府大臣、户部尚书，加授文华殿大学士，赏戴双眼花翎，晋封一等公。年龄才将近三十岁的和珅近年来可说是平步青云，已经成为乾隆朝权倾内外、炙手可热的当红大臣。

六世班禅入觐圆寂北京　遗体黄金珍宝送回西藏

　　七月时，六世班禅额尔德尼从西藏前来，特别到热河避暑山庄觐见皇帝。为表重视，弘历还特别率领了数百名王公大臣专程等候。班禅在向皇帝献上哈达（藏族用以表庆祝或祝贺的长条丝巾）及祝寿礼物之后，前往北京，住在之前五世达赖曾住过的四黄寺。原本一切都非常圆满顺利，但是到了十月下旬，班禅却开始感到身体不适，不但没有食欲，手心和脚心还出现红疹。乾隆命御医前来诊治，结果发现是感染了痘症（天花）。在医疗起不了作用的情况下，班禅不久便在北京圆寂了。皇帝特赐用七千两黄金制成的金塔来存放其遗体，然后派人将班禅遗体，连同朝廷及满汉大臣、蒙古王公所馈赠的大批黄金及珍宝，都一并运送回扎什伦布寺。

难怪和珅会红……
首倡议罪银制度化　罚金收入皇帝口袋

　　被皇帝视为最佳掌柜人选的和珅，不久前又提出了一项可以让皇帝口袋满满的政策，就是把"议罪银"给制度化。也就是说，以后如果官员犯了错，大到贪赃枉法，小到奏折错字，只要罪不至死，都可通过缴纳一定的银两来免罪。而这与吏部主管的罚俸制度所不同的是，所收缴的银两大部分都收入内务府库，供乾隆私人运用，只将少部分留在地方用于兴修水利工程等。而官员犯错时到底应该拿出多少钱来为自己赎罪，则是由官职大小及肥缺程度而定，少则一二万两，多则三四十万两都有可能。由于这笔罚金是最终进到皇帝口袋的，所以相信被逮到贪赃的官员，大概都会自愿从重认罚，以表示对皇帝的忠心及孝敬。据和珅私下表示，多缴罚银，就可以博取皇帝的欢心，不但可以保住官位继续任职，甚至还有升官或转到更肥职缺的可能。评论家认为，此制度一旦实施，将变相鼓励贪污。因为平时贪污多，口袋存得够深，被逮到时便有足够的资金可以缴议罪银，不但可以保住官位，说不定因祸得福还能升官。

我又想到一个让您发财的好办法了……

快说来听听。

17

—— 乾隆帝有意轻判 李侍尧逃过一死 ——

由于之前和珅与其他大学士对于云贵总督李侍尧的贪赃案所建议的判决不同，所以乾隆皇帝弘历便要大臣们对此各抒己见，以达到充分讨论的效果。在安徽巡抚闵鹗元提出了依大清律例中"议勤""议贤"两条可作为李侍尧减刑之依据的看法之后，弘历终于决定采用和珅建议的版本，只将李侍尧判处斩监候。不过，也有学者指出，其实在李侍尧所收受的赃款之中，大约有五分之三都转成了献给皇帝的贡品，而李侍尧却对进贡之事完全不提。不像乾隆二十二年（一七五七年）因勒索属下被抓到的云贵总督恒文，事发了还以要进贡自辩，把责任都推到皇帝那里去，结果当然是被下令自尽。而其实本案从一开始，弘历似乎便有轻判李侍尧的打算。一向善于察言观色的和珅便是看出此点，才敢拟请只判斩监候。一般推测，李侍尧虽然看起来被判得很重，但依乾隆帝的行事风格，可能只是先暂时在牢里蹲一阵子，用不了一两年的时间，应该便会被重新任用。只不过如此姑息养奸，势必造成吏治的继续败坏。而和珅这种摸透皇帝心思的功力，则将会助他平步青云。另外，记者也发现，找理由为李侍尧开脱的安徽巡抚闵鹗元，其实自己根本也是大贪官一个。

和珅在李侍尧一案中，完全摸透了乾隆的心思而拟请轻判

年度热搜榜

侄孙争夺遗产被盯上

去世仅一年的军机大臣于敏中，其侄、孙之间便因为争夺遗产而对簿公堂。结果这样一闹，连弘历也起了疑心。乾隆帝认为于敏中虽然做了几年的军机大臣，但毕竟不是什么富商出身，一定是任内有什么贪污勒索的不法情事，才有可能累积到过多家产而引发争产纠纷，于是便命大学士英廉等人前往清查于家的

已故军机敏中现陋行

家产。结果不查还好，一查竟发现其家中藏了二百万两白银的巨款，再继续一路追查下去，果然证明了这笔钱真的是于敏中在军机处行走近二十年，广收地方官员贿赂的不法所得。于是于家的财产除了分给其孙三万多两银子外，剩下的被没收，连之前已被封为三品诰命夫人的于敏中小妾，也被发往曲阜文庙为婢。

皇帝姓赵？ 没常识的后果不堪设想

江西日前破获一件僧人窃盗案时，意外又牵扯出因文字涉及大逆的案外案。记者深入调查后，发现事情的起因是先前有一位法号心光的僧人，他编了两套经卷，内有天皇、地皇、人皇三符，分属星宿、土地与人丁。后来心光将此经卷传给弟子明学，但明学觉得这经卷已年久破烂，所以便令人重新誊抄一份。结果在重抄时明学却自作聪明，以为人皇所指的一定就是当今皇帝，而百家姓中又以赵姓居首，所以皇帝一定姓赵。于是就把乾隆帝的名字变成"赵弘历"（应该是爱新觉罗·弘历），然后添入新抄的经本当中。之后明学的弟子慧定又将此经卷誊抄两份，但其中一份于去年（一七八〇年）被另一僧人昙亮所窃走。后来，江西巡抚捕获昙亮，并意外发现经卷之中的谬误之处，于是便向上奏报。最后明学、慧定两师徒被判凌迟处死，已故的抄书人被开棺戮尸，偷书的则被斩立决。相较于之前的文字狱大部分

都是舞文弄墨而误触禁地，或是不小心擅写庙讳御名的情况，这种因为没常识而丧命的文字狱倒是第一桩。也难怪从小老师们便不断提醒要认真读书，不能当个没有常识的人了。

最后一题，请问皇帝姓什么？

这很简单啊，不就姓赵吗？

太神奇了，居然可以创下连续答错五百题的纪录！

19

和珅征回无建树　阿桂调拨诸将服

　　由于撒拉族民众在苏四十三的带领下，已经攻占了河州并直指兰州城下，使得乾隆帝急命和珅为钦差大臣前往兰州救援，又命正在黄淮一带视察河工的阿桂亦尽快前往督军，同时也宽宥了之前因贪赃被判斩监候的李侍尧，赏他三品顶戴前往甘肃，代理因这次的动乱被革职查办的陕甘总督勒尔谨之职。据闻，毫无战场经验的和珅似乎对指挥作战没有什么信心，所以在途中拖延了一些时日，只比较晚接到谕令而且路途遥远的阿桂早四天抵达前线。而在和珅到达前，都统海兰察早已先发动了一波进攻，在龙尾山大败叛军。和珅在见到海兰察已获首胜之后，觉得打仗好像也没有想象中那么困难，便也急着想表现，

你可以走这一步啊。

大人，这样就拌马脚了吧？

对军事一窍不通的和珅，根本无法让属下部将信服

而立刻下令兵分四路向叛军发动攻击。结果却因为兵力过于分散，且起义军早有防备而遭到猛烈的反击，不但总兵（军事指挥官）图钦保因此阵亡，政府军更是陷入两难的境地。这时和珅非但不向诸位有实战经验的将领请教，反而还把责任都推到海兰察身上，导致所有的将领都对他非常反感，甚至只要他提出一项做法，便会马上遭到众将大泼冷水。阿桂到达之后向他询问作战失败的原因，和珅便推说这一切都是因为诸将傲慢不听指挥。第二天，阿桂升帐分拨调度，但诸将无不辄应如响，一切事务很快便安排妥当。这时阿桂才转头问和珅："咦？我怎么没看到有谁傲慢啊？"让和珅当场尴尬至极。不久，在前线好像变成一个多余人的和珅，因在战场毫无建树，而被乾隆帝调回，随侍皇帝到热河行宫避暑去了。政治分析家指出，乾隆帝此次让宠臣和珅前往甘肃平乱，极有可能想借着给他立功的机会，好让他取代阿桂成为首席军机大臣。但无奈和珅对军事始终还是外行，看来除非阿桂自己栽了个大跟头，否则和珅应该很难有机会取代他的位置了。

甘肃连年干旱赈济　乾隆疑惑密令调查

之前弘历在派遣和珅、阿桂往甘肃征剿回乱的时候，便先后收到他们有关甘肃当地大雨的报告，这使得弘历对于甘肃官员连年申报大旱并申请赈济的报告，开始觉得有点不太对劲。每年都大旱酿灾的干旱之地，怎么今年中央一派人去就变成大雨连绵。加上之前清廷决定派兵征剿苏四十三时，因甘肃一时难以筹措大批的军饷，布政使王廷赞为求表现，便自告奋勇地说要捐出历年积存的养廉银四万两以助军费。而这样的举动，反而让弘历起了疑心。因为甘肃本就是一个穷省，官员的收入就算加上养廉银也还是很少，若不是有

什么重大贪污的话，一个布政使怎么可能拿得出这么多钱来。于是弘历便命阿桂、李侍尧等人暗中查办此案。

你报告上不是说这里连年都不下雨的吗？害我没带伞，全都淋湿了。

……

四川啯噜危害　政府加重刑责

据报道，四川地方近年来啯噜（武装的流民集团）日盛，四处危害，有些团体的人数还高达一百多人，更是在光天化日之下抢劫行凶，如入无人之境。而官吏们却都好像在装傻一样，不但不派官军征剿，甚至还有州县吏役本身就投入啯匪阵营的。在地方乡绅不断申诉陈情之后，清廷终于颁布更严格的规定，以后凡是在市场街道行抢的啯噜首脑，都加重改为凌迟之刑，家属也要受到连带处分，从犯则处以斩决之刑。如果是在野外聚众十人以上拦抢者，不论伤人与否，为首者斩决，从者先判绞候之刑，待秋审再议。若是十人以下犯案且未伤人者，才可以予以酌情减刑。同时将四川总督文缓革职，另调福康安（傅恒之子）为四川总督以严办剿啯之事。

甘肃爆发冒赈丑闻　总督藩台全都涉案

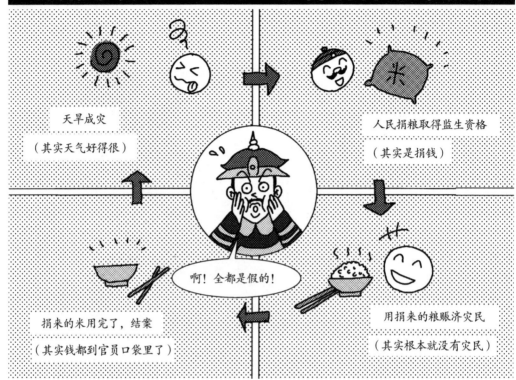

天旱成灾

（其实天气好得很）

人民捐粮取得监生资格

（其实是捐钱）

啊！全都是假的！

捐来的米用完了，结案

（其实钱都到官员口袋里了）

用捐来的粮赈济灾民

（其实根本就没有灾民）

之前弘历对于甘肃弊案的直觉果然神准，在阿桂、李侍尧等人的调查之下，证实现已升任浙江巡抚的王亶望，在当初任甘肃布政使期间，于乾隆三十九年（一七七四年）请求重开已废除近十年的捐监粮（民众捐输粮食以获得监生的资格）办法获准以来，便与陕甘总督勒尔谨相互勾结，令百姓把要捐出的粮食改为捐银，然后再谎报说天旱成灾，并造假说百姓捐出的粮食都已全数用于赈济。如此一来，便每年都可以把这些白花花的捐银都留在自己的口袋之中。同时他们又谎称因收来的粮食过多，仓库不够使用，所以又向户部申请了十几万两白银的经费来盖仓库。但由于实际上并没有收取捐米，所以这笔经费当然也就又被侵吞了。另外，他们还以雇请脚夫搬运散赈粮食的名义，又向中央要了好几万两白银。反正所有的一切都是假的，全都只有纸上作业而已。而政府难道没有任何的审查防弊机制吗？当然有，其实依照规定，放赈时主管官员必须亲自到场，每日发放完毕之后，还要签名确认。全部发放完成之时，还要在发放名册的前后签名，通册还要加盖骑缝章，而且发放数目、领取人姓名及数量都要公告以取信于民。而要破解如此严谨、环环相扣的监督机制，想必涉案的官员人数一定相当惊人，目前相关部门正在扩大侦办范围。

额定武职养廉银　吃空粮就地合法

由于自雍正年间为文职官员及八旗武官设定养廉银以来，一直没有注意到绿营武官也有俸银过低的问题，各省提镇以下分扣兵丁名粮，或于定数之外虚报名数等"吃空粮"的情形十分普遍。于是清廷不久前便要求各省督抚，将提督以下武职分扣名粮的实数查明奏报，再将这些虚额改为武官的养廉银，在各省耗羡的款项之下支应。在计算后，明定绿营各级武官养廉银如下：提督两千两、总兵一千五百两、副将八百两、参将五百两、游击四百两、都司二百六十两、守备二百两、千总一百二十两、把总九十两、经制外委十八两，总计将需动支三百万两白银的经费。

甘肃官员集体贪污冒赈　乾隆无奈放宽处罚标准

甘肃冒赈案于日前公布侦查结果，几乎所有的官员都参与了这次集体舞弊丑闻。零零碎碎加起来，甘肃大小官员贪污的赃银总数竟高达数百万两，而涉入此案的官员竟有七十人之多。虽然弘历之前也曾一度怀疑甘肃这种民贫地瘠的省份，民众哪来那么多粮食可捐，或是提出其他许多的疑问，但都被总督勒尔谨给巧妙地掩饰过去。一直到最后，阿桂等人奉命平定回乱时，才终于让这件官员集体大贪污的丑闻曝光。依法律规定，官员只要贪赃达一千两白银以上者，便要立刻处死，除了主犯四人在之前已被处死外，其余的六十六人依法也都必须予以处决。但由于涉案官员人数实在过于庞大，要是全都砍了的话，只怕甘肃的地方政府运作便会立刻停摆，所以弘历到最后也只能无奈地放宽标准，改成只把贪赃两万两以上的二十人，以及贪赃一万两以上且任内有贪污前科的二十二人处死，其余的则改判斩监候。

还好这次的网格比较大，不然就死定了。

呼……得救了

由于贪污官员人数过多，乾隆最后也只好放宽处罚的标准

23

年度热搜榜

【乾隆四十七年】公元一七八二年

《四库全书》编成　毁书多于辑录

被销毁的禁书数目远比编成的《四库全书》多

自乾隆三十八年（一七七三年）年底开始编纂，先后动员了三千多人抄写的《四库全书》终于编成，乾隆帝为此特地于文渊阁摆宴，赐总裁等官员一同庆功。《四库全书》共收罗了图书三千四百六十一种，计七万九千三百零九卷。为了美观与便于识别，还采用分色装帧，其中"经部"绿色，"史部"红色，"子部"蓝色，"集部"灰黑色，分别代表了春夏秋冬四季。而《四库全书总目》因为是全书纲领，所以采用了黄色。《四库全书》目前共抄录了四套正本，分别存放于北京的文渊阁、盛京的文溯阁、圆明园的文源阁，以及热河避暑山庄的文津阁。这"内廷

四阁"的藏书，除了皇帝御览外，将只提供给大臣或翰林等阅览。不过因为江浙地方为人文渊薮，文风鼎盛，所以政府已下令另外再抄三套正本，并于镇江金山寺建文宗阁，扬州大观堂建文汇阁，杭州圣因寺建文澜阁。预计在乾隆四十九年（一七八四年）"江浙三阁"完工后，这三套正本将开放给当地的文士借阅。而京师翰林院（职掌修史编书、文辞翰墨、皇室侍讲的核心官员储备所）内也将再多抄录一副本，以便士子入院抄阅。全文约八亿字的《四库全书》，虽然是中国有史以来规模最大的一套丛书，有着不可磨灭的贡献。但由于在编辑过程中，清廷极力消除对其不利的论述，所以不但有许多文句经过删修（如岳飞《满江红》中"壮志饥餐胡虏肉，笑谈渴饮匈奴血"便被改成"壮志饥餐飞食肉，笑谈欲洒盈腔血"），而且销毁的禁书总量竟超过辑书，初步估计多达三千一百多种，数量在十五万部以上，还销毁了至少八万块书版，这也可说是文化上的一大损失。

水患频传……
灾民伤心没饭吃　官员开怀有钱拿———

气象局预报，今年一定会发生水灾，请低洼地区的民众务必先做好防灾准备。

NEWS

耶！赚钱的机会又来了！

近来各地又是水患频传，政府在修筑治河工程方面可说是耗费了大量的人力及经费，光是在兰阳黄河决口修筑工事、修浙江海塘、修荆州江堤等工程，就大概又要用去将近两千万两白银。虽然每次政府都砸下重金企图解决水患，但却始终没有改善，水患依旧是中央政府最为头痛的问题之一。不过，记者也听到一些传言，说有许多的水利官员，根本是通过贿赂现在的当红大臣和珅买官，而本身则是完全不具治水的专长以及热忱。这些官员甚至巴不得每天都有水患发生，然后便可以从政府拨下来治河的大笔工程款之中，乘机大捞一笔。如果事实真如传闻所说的话，那怎么可能真的有办法解决水患问题？而可怜的老百姓，就只好继续生活在水患世界的噩梦之中了。

台湾泉漳械斗　官府头痛万分

台湾土地肥沃，农作物产量极丰，使得福建、广东地区的民众自从政府开放海禁以来，便争相渡海移居垦荒。而这些移民中，从福建泉州、漳州来的占了百分之六七十，主要定居在近海及中南部平原地区。而从广东来的占了百分之三四十，大部分则聚居在近山及北部沪尾、南部的凤山等地。这些远渡重洋、背井离乡的移民，为了维护及保障自身的权益，便与同乡族籍贯者聚居在一起，从而形成了不同背景的社会团体。这中间除了有汉人与蕃人（台湾少数民族）的区别外，汉人之间又有闽籍、粤籍的不同，甚至闽籍之中还有泉州、漳州的差异。不同的族群之间，常常会为了一些纠纷便聚众械斗。虽然政府屡下禁令，但由于驻防官军管理松散，所以似乎也起不了什么吓阻作用。今年彰化一带又发生大规模的泉漳械斗，导致许多人伤亡并造成社会严重的动荡不安。如何能有效地遏制械斗歪风，已经成为台湾地区官府最为棘手的问题之一。

是谁通风报信?
钦差山东查案　赃官早有准备

御史（监察官）钱沣不久前上奏参劾山东巡抚国泰、布政使于易简贪纵、勒索属员，并以行贿多寡为升调依据，使得历城等州县为了孝敬长官而亏空库银的情形十分严重。弘历于是命尚书和珅、左都御史刘墉及御史钱沣前往山东实地查案。但国泰已于私底下得到消息，在和珅一行人抵达之前，便已先挪借了四万两白银到历城县库房顶补亏空的款项，准备就这样应付检查。原本和珅下令只要清查核对库银数量即可，但刘墉、钱沣却发现库银的成色不一，而直觉认为当中必有隐情。在严讯相关涉案人员后，他们发现国泰之前便已先行挪用了存在济南库房中从各州县勒索得来的四万两银子来补缺。之后他们又查出亏空的原因，乃是国泰等强迫下级政府派买物件，而地方官在无力承办的情况下，便只好动用经管的库银。侦查终结以后，和珅等人提出报告，建议将国泰、于易简二人即行正法。原本弘历还想网开一面，所以裁示了将二人斩监候，但后来在查实山东各县亏空金额竟高达二百多万两之后，弘历便气得下令要国泰、于易简两人自尽。至于之前到底是谁把消息泄露给国泰的，有传闻说是和珅放的消息，并说国泰其实就是和珅党人。但记者深入调查之后，并未发现国泰奔走于和珅门下之证据，通信记录也无法证明和珅事先与国泰有过联系。反倒是有证据显示国泰的弟弟国霖，在京城听说钦差出京前往德州一带查案，为了小心起见，便事先向哥哥通报了此消息。另外，也有媒体说国泰是先向商民借了四万两白银来填补亏空，但刘墉发现库银成色不一后，便对外宣布说凡商民借给官府的银两，必须尽快领回，否则将被封库入官。结果商人们吓了一跳，纷纷来领回自己借出的银两，最后封库清查，果然亏空四万两。此报道虽然充满了戏剧性并广泛流传，但已被证实是误传杜撰之事。

26

案外案　甘肃冒赈官员被抄家
黑吃黑　闽浙总督调包被发现

去年（一七八一年）的甘肃官员集体贪渎案在侦结之后，又引发一桩案外案。奉命查抄该案主犯之一王亶望家产的闽浙总督陈辉祖，在执行查封的过程中，发现王亶望因贪污累积的家产竟高达三百余万两白银，而其中还有四千七百四十八两黄澄澄的金条、金锭、金叶，于是便心生歹念，将黄金调包，改补七万多两白银进去，从中获取了四五千两的差价，同时还私自侵吞了许多高价玉器之类的珍贵物品。只是当这些查抄物品被运至北京后，弘历眼尖地察觉到陈辉祖进呈给内务府的查抄清册中，所记录的尽是些低价物品，因而起了疑心。原来按照惯例，进贡的物品中，大约只有三分之二皇帝会收下，另外的三分之一则会被退回，但这些退回的东西并不能变卖或挪作他用。由于弘历本身对字画珍玩非常有兴趣，所以对于王亶望之前所进贡的物品都还有印象，但这次在查抄清册上找不到这些东西，便断定一定是有人从中调包。于是下令调出最原始的抄家底册，然后与陈辉祖进呈的清册做比对，结果发现抄家底册中竟然有一百种物品全都不翼而飞，而被替换成八十九件劣等物品鱼目混珠。对于因一时贪念而从中调包的陈辉祖，弘历便赏了个死刑的判决给他，以作为胆敢偷挖皇帝私人口袋的下场。

这是什么？

负责查封贪渎官员家产的闽浙总督陈辉祖，在见到巨额财物之后竟心生歹念，用劣等物品鱼目混珠，从中调包牟利

年度热搜榜

【乾隆四十八年】公元一七八三年

好友反目互控　双双凌迟惨死

河南地方日前发生了一件好朋友反目成仇，进而互诘告官，终至双双获致凌迟大罪的事件。据了解，互告的乔廷英与李一，原本皆为登封县同里的生员，彼此之间感情非常好，还时常以诗文相唱和助兴。但后来不知怎么回事，双方发生了一些纠纷，于是李一的儿子便控告乔廷英唆讼。而被告乔廷英也展开反击，将原本手上留存的李一诗作呈送官府，并指称内有"天痴地痴""天地糊涂，帝王师相无非糊涂"等悖乱之语。李一闻讯后便也不客气地反指乔廷英家中同样藏有悖逆诗稿，官府搜查后，果然搜到一本诗稿，内有"千秋臣子心，一朝日月天"及"壮士终当营大业"等句，同时也搜出一本应毁的禁书。于是，河南巡抚便将此案上报中央，最后乾隆帝下令将这两位一并凌迟处死，其子孙、胞弟则判以斩监候，妻、媳及未成年子女则发给功臣之家为奴。看来，没事还是不要跟朋友撕破脸比较好。

十三州赢得独立战争　英与美签署《巴黎和约》

自从英属美洲殖民地的大陆会议在乾隆四十一年（一七七六年）发布《独立宣言》以后，英国与大陆军团之间一直进行着激烈的战斗。后来美利坚合众国（美国）取得了法国、西班牙、荷兰等国的支持，便逐渐在战争中取得优势。而在约克镇围城战役失败之后，英国议会被迫赞成议和，并于今年正式签署了《巴黎和约》，承认美利坚合众国的独立地位。而大陆军团的统帅乔治·华盛顿，也在赢得独立战

我们赢了……

争的胜利之后，拒绝了一些同僚怂恿他领导军事政权的提议，回到了他的庄园中重新过着平凡的生活。

年度热搜榜

圣驾第六次南巡

　　今年正月，在十一阿哥永瑆、十五阿哥永琰、十七阿哥永璘随侍之下，弘历进行了第六次南巡之旅。据闻，和珅在没有花费国库一毛钱的情况之下，光靠各地方自动捐献便完成了这次南巡的准备工作，所以深得弘历的嘉勉，还特别让他在南巡时站在自己旁边，以显示其功绩。而各地在和珅的事先通知之下，早就开始大兴土木，不惜资金展现最好的一面，以迎接圣驾的到来。

和珅在没有动用国库一毛钱的情况下，便将南巡之旅办得有声有色

皇帝与海宁陈家的秘密？乾隆真实身世完全破解！

不然来验DNA啊……

由于海宁陈家今年已经是第四次为乾隆帝南巡时所临幸，所以民间便开始有了关于弘历身世的一些传闻。说康熙年间海宁陈家与当时的雍亲王胤禛走得很近，有一年陈世倌夫妇与雍正的妃子同时生育，陈家生的是男婴，而胤禛生的是女婴。于是抱子心切的胤禛便与陈家交换了小孩，而这个小孩就是当今的皇帝弘历。后来弘历继位之后，知道了自己的身世，于是便借着南巡的机会到海宁去探视自己的亲生父母，并以孩子对父母的口气为陈家写了"爱日堂""春晖堂"的匾额。不过记者经比对资料，发现此说根本为无稽之谈，因为当时胤禛已连生数个男孩，弘历为第四子，根本没有去换别人小孩的需要。而为陈家写匾的其实是康熙皇帝而非弘历，陈家最受宠的时期也是在康熙朝而非乾隆时期。虽然此说荒诞无稽，不过民间对皇帝身世的八卦还真是特别有兴趣。另外还有更离谱的版本，说当初雍亲王在热河打猎时射中一头鹿，在喝了鹿血之后欲火中烧，便抓了山中的一个汉人女子与她发生关系，而后生下了弘历，因而风传当今皇上根本就是有汉人血统。其实，如果真要考虑血统问题，弘历的满族血统只怕要比玄烨还要纯正。因为康熙帝的母亲佟佳氏是本姓佟的汉军正蓝旗人（之后才改满洲姓氏佟佳，并抬入满洲镶黄旗），而康熙的祖母博尔济吉特氏则是蒙古人，所以康熙身上仅有百分之二十五的满洲血统。而胤禛和弘历的生母都是纯正的满洲人，所以乾隆身上流着百分之八十一点二五的满洲血统、百分之十二点五的汉人血统，以及百分之六点二五的蒙古血统。依此数据看来的话，民间所传乾隆是汉人皇帝的说法，便很难叫人信服了。

年度热搜榜

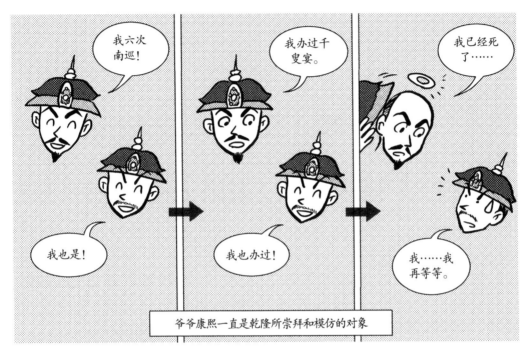

爷爷康熙一直是乾隆所崇拜和模仿的对象

仿圣祖再办千叟宴

为了效法圣祖在康熙五十二年（一七一三年）以六旬万寿举办了一千九百人规模的千叟宴，弘历也在今年正月六日，以御极五十周年纪念，又适逢喜添五世元孙之故，于乾清宫再一次举办了千叟宴，邀请亲王以下的文武大臣、致仕官员，及士农工商百姓，凡是年过六十岁者，一共三千九百人参与此次盛会。此次的千叟宴于各殿廊之下布置五十席，丹墀内摆了二百四十四席，甬道左右一百二十四席，丹墀外左右三百八十二席，共计有八百席之多。席间，弘历还召一品大臣及九十岁以上的老者至御前亲赐饮酒，又

参与长者近四千人

命皇子、皇孙、皇曾孙在殿内依次敬酒，还颁赠了许多的珍贵礼物，让所有与宴者都尽兴而归。虽然记者年纪未满六十，不在受邀之列，所以未能亲身体验此次千叟宴的菜色，但听说这一次的千叟宴是由和珅主办，他汲取了以往千叟宴菜肴容易变凉的教训，而改成以火锅的形式呈现。这火锅还是经过改良的，不但锅身加大，还在中间加上烟囱，并在锅子下设计可以投入木炭加热的开口。汤底则是以酸菜烹煮而成的清汤，加上薄薄的肉片，而产生清香爽口的感觉，极有可能会蔚然成风。

台湾兵政涣散　毫无战力可言

台湾近来吏治松弛，兵政涣散，使得驻防部队在管理上出现了很大的问题。据记者查证，有许多的兵丁都在外面开赌嫖娼，甚至还有一些老兵更是长期在外打工或做起生意，然后每个月花几百文钱请同营的兵丁替班"包差"。而各级军官也没闲着，又把手伸向这些帮人包差的兵士，向他们勒索规费从而睁一只眼闭一只眼。而且由于兵士们长期逗留在外，营房无人居住，绝大部分都已经因年久失修而倒塌。听说现在大部分的营兵都干脆在外租房子住，或是寄宿在娼妓的家中，营区里面简直就像鬼城一样。而台湾府原本编制的三千七百余名兵士，实际上可以动用的大概只有五百名。更夸张的是，这些在营的兵士军纪十分涣散，时常四处打家劫舍，与盗匪根本没有两样。要是发生什么乱事的话，真不知道这样的一支部队要如何应对。

大近视验尸错误百出　书呆子不罚情有可原

不久前，礼部主事（中级官员）兼军机章京海升之妻吴雅氏自缢而死，但因吴雅氏的弟弟贵宁认为其中另有隐情而不肯画押结案，所以刑部便请左都御史纪昀等人前往开棺验尸。在勘验之后，纪昀汇报说吴雅氏的确是自己上吊而死的，没有他杀的嫌疑。但贵宁仍以海升为大学士阿桂的姻亲，所以刑部有意回护之由再次上诉，于是乾隆帝只好再另派他人复验。不过这一次却产生了大逆转，验尸的结果证明吴雅氏竟是被其夫海升给殴打致死的。本案在定谳以后，除了将涉案人依法严惩外，阿桂也因先有袒护之言而被罚俸五年，刑部尚书、侍郎等则全都给予降级处分。唯一没被惩处的倒是纪昀，原因是皇帝说他本来就是个书呆子，根本不懂刑名之事，而且又是个大近视，验尸时当然看不清楚，所以情有可原。

嗯……这应该是自杀吧……

纪晓岚虽然在验尸时大搞乌龙，但乾隆以他是大近视为由而放他一马

奇旱大灾　各地难民无以为食

今年春夏奇旱，导致黄河中下游及江南地区灾情严重，连洪泽湖都干到只剩二尺余深就见底，漕运则几乎是处于停摆的状态。虽然政府先后发放了七百余万两白银赈灾，并采取截留漕粮、调运四川、江西米粮等紧急应变措施，但灾民至今仍然是无以为食，随处可见饿殍载道、十室九空的凄惨景象。尤其入冬之后，气温骤降，夜晚时在户外有许多靠在一起取暖的灾民，到了天亮时，都已经被冻成一整簇的僵尸。另外，也有传闻说江苏某地有一种黑土，颜色大概是微黄而杂有白点，可以拿来做饼煮粥，味道也颇清香，吃了又会饱。这个消息传开之后，每天都有数以万计的灾民前来取土为食。不过医学专家也提出警告，随便乱吃土的话，可能会有肠道阻塞、中毒，或感染寄生虫的危险，劝民众不要听信传闻轻易尝试。

日食不利改元　乾隆帝将做满六十年

因明年元旦正逢日食，所以乾隆帝已颁谕指示，停止当天的朝贺筵宴，同时也宣布，由于乾隆六十年（一七九五年）的元旦与今年一样正逢日食，如果把日食之日当作嗣子登基之首日实在是不太好，所以原本预定要传位归政的时间，只好再勉为其难地延后到下一年的元旦之日。

年度热搜榜

【乾隆五十一年】公元一七八六年

浙江查案看法不一　窦光鼐回奏激圣怒

之前受命前往浙江各地清查亏空钱粮案的钦差曹文埴等三人，在经过盘查之后，拟了一份报告说全省仅亏欠三十余万两白银。但浙江学政（地方教育官员）窦光鼐则另行上疏，指称光是嘉兴、海盐、平阳三县，每一县的亏空就超过十万两，浙江全省亏空之数绝对不可能仅有这个数字。由于窦光鼐与钦差各执一词，弘历便派大学士阿桂会同曹文埴等人，再次彻底查办此案。同时也降谕窦光鼐，要他把重心放在今年将举办的乡试上面，不要再多费心力参与此事。阿桂等人在抵达浙江之后，经过一段时间的深入调查，最终还是采信了曹文埴等人的说法，向皇帝报告说浙江只有过去亏空的二十七万两白银尚未补完，并没有出现新的亏空，同时指责窦光鼐参奏永嘉、平阳等县挪移公款，以及劾奏平阳知县（地方行政长官）黄梅丁忧（父母之丧）演戏一事，都是没有凭据的不实指控。弘历看了这份报告之后，对窦光鼐这种污人名节的事十分生气，便降旨申斥，并要其据实明白回奏。其实大家都知道，不管事实如何，当皇帝要你"据实明白回奏"时，就是要你

你给我回来！

好，等我忙完。

赶快低头认错，并请求皇帝宽恕，而不是真的要你去找出一大堆的理由来和皇帝辩个输赢。只是这个窦光鼐似乎脑筋转不过来，还真的再次上疏据理力争，不但强调所劾有凭有据，更指责阿桂等人被地方官所蒙蔽而未能查出实情，甚至表明说自己要立刻亲赴平阳县，在查核确实之后再另行具折回奏。这样的说法可把弘历给气死了，这家伙不但不认错，还敢公然违反要他别再参与此案只要搞好乡试的命令。于是乾隆在大发雷霆之余还严斥其禽兽不如，并下令将其发交相关部门议处。一般认为，窦光鼐竟然让皇帝连禽兽不如这种话都给骂了出来，大概小命也难保了吧。

铁布衫 金钟罩

在乾隆面前当红的和珅有如练就一身刀枪不入的功夫一般，在政坛上几乎已经没有人可以扳得倒他

家奴违法 权官和珅遭告　消息走漏 御史被将一军

御史曹锡宝日前上折劾奏和珅的家奴刘全，说他家产丰厚、衣服器用极尽奢侈，背地里一定做了什么招摇撞骗的勾当。于是弘历便为此询问和珅，和珅也据实回答说刘全是他的世仆，负责协助他照管崇文门的税务。但因其家人众多，所以令其独自在广化街居住。虽然平时管束家人甚严，也没听过刘全曾经在外招摇滋事的传闻，但也许因为自己时常随扈外出，不在家的时日变多了，所以也有可能因无人管教而渐有生事之处。和珅还请相关部门详查，若有不法之处则严加究办。结果经查证，并没有发现什么违法逾制的事实。这使得弘历怀疑会不会是纪昀因为去年海升殴妻案一事搞了乌龙而

怀恨在心，所以才会唆使曹锡宝暗中报复，于是便要曹锡宝指出刘全到底有何不法的实证，但曹锡宝一时之间也举不出来，只好自行认错，说一切都只是听说来的，因而被处以革职留任的惩罚。不过，记者深入查证后发现，早在曹锡宝上疏之时，便已经有人向和珅通风报信。和珅也立刻要刘全把所有的不法罪证，包括房屋、衣服、车马等有逾制处全都销毁并掩饰干净。等到弘历下令调查时，当然什么也查不到了。曹锡宝只不过是参劾和珅的家奴，便惹火烧身，自己落了个被处分的下场，而和珅老爷仍然不动如山。看来，从今以后可能再也没有人敢去惹这位乾隆面前当红的权贵了。

哗……

成功得分！

扑倒！

原本已被乾隆斥为禽兽不如的窦光鼐逆转形势，在被逮捕之前完成搜证调查，证明了自己的立场是正确的

老学究逆转胜！窦光鼐火速行动

之前被皇帝斥为禽兽不如、命已危在旦夕的浙江学政窦光鼐进行最后一搏，在皇帝严斥的谕旨还没到之前，便已星夜赶往离省城千里之远的平阳县，动员了全县的童生、监生和平民，全力追查知县黄梅的贪赃事证。新任巡抚伊龄阿在获知窦光鼐的反制动作之后，立刻上折告状，说窦光鼐要挟生员百姓、用刑威逼，想要取得对平阳知县黄梅不利的材料。弘历知道后更为火大，又一连下了两道谕旨要将这位从二品的吏部侍郎、学政，逮交刑部治罪。只不过，当伊龄阿收到锁拿

被捕前完成调查

窦光鼐至京的谕旨时，窦光鼐却已先一步把收集到的所有确切证据，用一日五百里的加急速度连同奏折发送至京。就在弘历下谕锁拿的第三天，这份报告便送到了皇帝手中。弘历在看了这份证据确凿的报告后，才相信窦光鼐所说属实。于是便在当天又发两道谕旨，要阿桂重查此案。而禽兽不如的窦光鼐则是大逆转，深获皇帝的嘉勉并调回京师重用。平阳县知县黄梅在查证属实之后当然是被治罪，阿桂、曹文埴、伊龄阿等人则被交刑部议处。

天地会成员林爽文与庄大田在台湾起事抗清，声势浩大

天地会刀下结盟　林爽文台湾起事

台湾地区惊传武装起义，天地会成员林爽文纠集会众千余人于彰化起事，夜劫政府军营盘，并将驻军全数歼灭。知县、游击等皆死于起义军之手。据了解，由于台湾移民之间各立会党，械斗的情形十分严重，所以民众为求自保，多立誓结党，相互帮助。其中天地会便是仿照桃园结义的方式结盟，设立香案、排列刀枪，让众人在刀下钻过结为兄弟，并宣誓"一人有难，大家相帮，如若负盟，刀下身亡"。其组织一向非常严密，会员之间都靠隐语暗号来联络，且因不信神佛，以天为父、以地为母，故称为天地会。

而此次事变的导火线，便是天地会成员与另一组织雷公会的成员械斗而被收监，于是天地会成员聚众劫狱并投奔林爽文。彰化知县在得报劫狱后命数百名兵役前往逮人，林爽文便纠集了大批的天地会成员起来反抗。起义军目前已攻入彰化县城，并自称为"盟主大元帅"，改元"顺天"（一开始为"天运"），并攻破诸罗县城。而凤山一带的天地会领袖庄大田，也应林爽文之约起事，自称"洪号辅国大元帅"，并攻下凤山县城。清廷在闻讯之后，已立刻派兵准备渡海赴台平定起义。

常青虽然遵照乾隆的指示看了《东征集》当作行军打仗的参考，但仍被天地会打得落花流水

官军渡海反遭夹击

奉命渡海赴台征剿林爽文的福建水师提督黄仕简、陆路提督任承恩在抵达台湾之后，并没有立即展开进一步的行动，而只是在原地彼此观望，毫无作为地迁延时日。发现一切没有进展的清廷于是在三月时下令将二人革职查办，并且要求赔偿贻误之军费，然后重新任命常青为将军，蓝元枚为水师提督，柴大纪代理陆路提督。乾隆皇帝也命常青要去参考《东征集》一书，认为该

书为康熙末年曾经参与平定朱一贵之役的蓝鼎元所著，应该会对此次的军事行动有所帮助。书是看了，但政府军却一路处于挨打的地位。六月上旬的时候，驻兵诸罗的柴大纪仍被林爽文的十余万起义军所包围，并被切断与其他部队的联系，使得政府军陷入南北各自为战的窘境。而南路的庄大田也再次夺下凤山，与林爽文形成南北夹击常青大本营的态势。

矿业逐步开放 政策仍嫌保守

　　相较于雍正时期政府所采取的禁矿政策，弘历对于矿产的开采可说是较为重视，在乾隆五年（一七四〇年）批准各省煤、铁以及其他各种矿产的开采以来，全国矿厂总数已经从刚继位时的铜矿四十四处、铁矿五十处、金矿三处陆续增长，在十年之间，增加了铜矿十一处、铁矿二十处、煤矿六处、金矿两处、银矿二十五处。到了今年，全国矿产已经增加到铜矿五十六处、铁矿八十五处、煤矿二十三处、金矿十六处、银矿二十七处。但因开矿需要大量的人力，而这些矿工的劳动条件又十分艰苦，所以反抗也特别激烈。为了避免这些人生事，所以矿业在规模、地点、资本额和经营方式上也有诸多限制，虽然相较于以往已经大有改善，但整体来说仍显得过于保守。

福康安军至 北路爽文被俘

　　弘历获知常青无法取得优势的情报之后，于八月改派福康安领兵渡海。这时已经在诸罗坚守三个月、粮饷全无的柴大纪部队，幸得县民多方捐助，才能继续坚持而数次击退林爽文的攻击。为了褒扬当地百姓坚持到底的义行，弘历还特别下令，将"诸罗"改名为"嘉义"以作为嘉勉。到了十一月初，福康安所率领的大军抵台，对林爽文发动了大规模的攻击，才终于解除嘉义之围。接着政府军乘势追击，终于在十二月初俘获林爽文，平定了北路天地会的动乱。

年度热搜榜

天地会南路兵败　柴大纪被劾问斩

政府军在剿灭天地会北路之后，又挥师南下，在牛庄大败南路的庄大田。庄大田率领残部数千人往南奔逃，福康安则是分遣水师及陆兵由两路加以拦截。政府军在杀死两千多名起义军之后，终于将庄大田俘获，天地会之乱至此也完全平定。乾隆皇帝认为天地会之乱的根本原因，就在于福建督抚未能严办泉漳两地民众的械斗，才会演变成如此巨案，所以便决定将刑度加重，规定今后凡是纠约或杀人者，皆按光棍之例斩立决，伤人者则从重量刑。而在平乱过程中曾被多次嘉勉的总兵柴大纪，最后则是被福康安弹劾说其滥行受贿勒索，又放任兵丁回内地做生意或在外滋事，使得

兵政败坏才会酿成大祸。于是清廷便下令，将柴大纪押送京师审讯，随后予以斩首。不过据闻，柴大纪之所以会被福康安所参劾，是因为当时福康安率军解了嘉义之围时，柴大纪仅以宾主之礼接待而未行叩拜，因而惹怒了福康安并丢掉性命。

赏赐班禅财物遭侵吞　引来廓尔喀入犯西藏

乾隆四十五年（一七八〇年）六世班禅至京为乾隆帝祝寿时，因感染了痘症而圆寂。当时弘历赏赐了大量的金银财宝让随从人员带回西藏，结果这些金银宝物全被班禅的哥哥仲巴所独吞，使得其弟沙玛尔巴愤而前往与西藏素有纠纷的廓尔喀怂恿生事。于是廓尔喀便以藏盐混土、商税增加为由侵犯并占领西藏边界。清廷在驻藏大臣庆麟奏闻之后，立刻派四川总督鄂辉、四川提督成德发兵征剿。但当清军前进到后藏时，廓尔喀人早已饱掠而退。弘历只好命清军停止前进，并将处理不当的庆麟给撤职查办，改派理藩院侍郎巴忠前往办理驻藏事务。但巴忠竟在未经请旨的情况下与廓尔喀达成协议，廓尔喀在得到大量金银后退兵，清廷颜面尽失。

大雨扫兴
木兰行围取消

今年已七十七岁高龄的弘历八月在热河过完生日之后，便出发前往木兰围场去行围。但由于连日的滂沱大雨，沿路泥泞不堪，使得许多大臣都建议停办今年的秋狝狩猎，不过正在兴头上的弘历仍然坚持前往。但道路因雨阻绝，桥梁也被大水冲毁，所以大部分的人根本没办法跟上速度，甚至连所有的粮食、饮料及行李都未能如期到达。只有皇帝与随侍的一小队人，前进到入崖口不远的御营，然后无聊地度过一夜，最后弘历也只好无奈地取消了这次行围。虽然在官方的报告中，只将这次秋狝因雨取消之事轻描淡写地带过，但据记者了解，事实上在这一段不算太长的路途中，有许多人都因道路状况不佳而丧失了性命。

由于大雨搅局，乾隆只好无奈地取消行围

安南阮惠起政变　清军发兵去平乱

安南在国王黎维祁继任后不久，便因国内政治因素而发生了内乱。贵族阮惠攻入王城，黎维祁等只好带着眷属越界逃命，向大清边防军求救。在广西巡抚孙永清奏闻此事之后，清廷下令两广总督孙士毅发兵进入安南平乱。孙士毅以两千兵士分拨沿途防守，以八千主力进军安南，并对外号称十万大军。阮惠的部队在几次对阵失利之后败走，清军进入黎城。原本逃匿到民村之中躲藏的黎维祁，也于稍后赶至清军大营，由孙士毅依乾隆旨意封为安南国王，并发给新印。清廷考虑到大军过于深入恐将有变，所以已令孙士毅见好就收，他及早将部队安全带回。但孙士毅似乎想要招降阮惠，所以到目前为止并没有任何撤军的迹象。

41

【后宫剧场】香妃传奇

弘历十分宠爱的"香妃"（容妃）于日前去世，享年五十五岁。在临死前，她把大量的私人物品都分送给了宫中的妃子、公主、太监、宫女及娘家的亲属，而弘历也特别令人为她在棺木上用阿拉伯文书写了伊斯兰教的《古兰经》。容妃在乾隆二十五年（一七六○年）从回部进京时初被封为和贵人，虽然信仰及生活习惯都与满洲人不同，平常也穿着民族服饰，但弘历还是对她非常宠爱，不但特地为她建了家乡风格的宫殿、礼堂，宫中还特设厨师专门为她做饭。连与皇帝一同出游，其他妃子被赏赐野猪肉时，容妃也另外获赐鹿肉及狍肉（一种矮鹿）。由于香妃的出身特别，所以在她死后便传出一些不实传闻，包括说她受宠之后其他妃子联合在皇太后面前攻击她，或是她为了替族人报仇而打算刺杀弘历，最后皇太后趁着弘历出宫不在时将她赐死等。虽然这些故事荒诞不经，但却也让香妃成为一个民间风传的谜一样的人物。

乾隆十分宠爱的香妃于今年去世，但对于其死因坊间却出现许多不实的传闻

年度热搜榜

阮惠象阵反袭
清军溃不成军

安南的阮惠部队在之前被清军打败之后，表面上说要率师来降，但实际上却是暗中集结了八万余人，趁着大年夜清军饮酒作乐之时，集中火力发动反击。这次阮惠以雄象百头的阵势，直奔孙士毅的主力部队而来。一向骁勇的清军精锐骑兵，遇上象群后变得毫无招架之力，受到惊吓的战马四散奔逃，阮军又继之以火攻，当场把清军打得溃不成军。提督许世亨战死，主

一向骁勇的大清骑兵被安南的象阵打得溃不成军

帅孙士毅则是在慌乱之中突围撤至富良江北岸，然后斩断浮桥以阻绝追兵。只是来不及渡河的总兵尚维升等部，便这样被困在南岸而死于敌军之手。至于安南王黎维祁，根本就看不到人影，有人还说看到他很早就携带家眷，一溜烟地渡河逃跑了。

自动放假！ 皇子教师旷职遭严惩

据皇室传出来的消息，自二月三十日至三月六日之间，不知道是怎么一回事，竟然没有任何老师到上书房（皇子学校）为阿哥们上课，严重影响了皇子们的受教权。乾隆帝对于老师们无故旷职的事十分不高兴，便下令将总师傅嵇璜、王杰解职，刘墉等人也都被交刑部严惩。

清廷弃黎拥阮　阮惠安南称王

　　清军在安南惨遭阮惠部队横扫以后，主帅两广总督孙士毅已被解职调京，然后另派之前成功平定台湾天地会起义的福康安接任其位置。不过，此时清廷对安南的态度也开始有了转变，原安南国王黎维祁已被评估为扶不起的阿斗，所以乾隆帝已有意放弃黎氏而改为扶植已取得绝对优势的阮惠。在清廷将此信息放出之后，阮惠立刻遣使向清输诚，请求宽恕与清作战之罪，并表示愿意将所俘的数百名清军送回，请清廷准予赐其为新的安南国王。而清廷则是给予正面回应，要求先送回被俘官兵，并交出杀害清军提督之人。阮惠方面也汇报说已将杀害提督之人正法，并陆续送回所俘之官兵，然后三次上表请求纳贡册封。之后福康安接受表文并撤军，结束了这场打得并不漂亮的安南之役。阮惠则在六月改名阮光平，接受册封成为新的安南国王。至于之前丧国的安南王黎维祁则在偷袭阮氏再度失败后投奔大清，并于十一月被送至京师，剃发易服，从此归入八旗汉军并编为佐领，以让阮光平安心。

年度热搜榜

乾隆八旬万寿 普免钱粮　安南国王入觐 疑似替身

今年适逢乾隆皇帝八旬万寿，为了能够普天同庆，弘历第四次下令分三年普免天下钱粮共二千七百七十万两白银。八月十三日当天，弘历亲御太和殿，接受诸王贝勒、文武大臣、蒙古诸汗及贵族、回部王公、安南国王、朝鲜与缅甸贡使，以及各省土司、台湾少数民族头领等的庆贺。在祝寿团中，弘历感到最得意的是连新上任的安南国王阮惠也来了。之前为了让安南国王可以顺利入觐以让整个万寿庆典更为隆重，弘历不但提前册封他王爵，然后命福康安沿路护送至直隶，再由礼部侍郎迎接至热河行宫，甚至还和他行了抱见礼。不过，据驻安南的记者表示，这个入觐的阮光平可能是个假货，真正的安南王根本就没有出境。想必是阮光平怕有什么意外，所以才让和他长得有点像的外甥范公治假冒进京。

吏治废弛 毫无效率　官员懒得审理　皇帝一月破案

前年（一七八八年）二月时，直隶建昌县发生了一桩土匪抢劫的案件，在经过整整两年之后，地方官员不但没有结案，还推说是因为头绪复杂而无从审理。弘历对这样的行政效率非常生气，于是就下令把犯人押来亲审，结果案情根本就很单纯，在不到一个月的时间内，正犯就被皇帝给亲自揪了出来。其实，近年来各地的政府官员真是越来越懒，可以说根本就没在办案。乾隆四十三年（一七七八年）时，湖北江陵有一伙流氓抢劫了附近一位有钱的寡妇，结果寡妇认出了抢劫的人，并当场报了官，官府逮捕了两个嫌犯。原本以为马上就可以结案的，结果官员竟然懒得审理，就这样把案子搁在那里。十年过去了，换了五任的县令，案子还是一动也不动。而这种现象全国比比皆是，大清国吏治废弛的程度，已经到了令人无法想象的地步。

大侦探眉头一皱，发现案情并不单纯。

拜托，这很单纯好吗

乾隆在一个月之内侦破了官员口中的复杂案件

45

宰相刘罗锅？
民间传闻多！

关于今年的万寿大典，除了和珅与朝中大臣送了许多昂贵的礼物外，民间也有传闻说"宰相"刘罗锅（刘墉）只挟了一个筒，里面装着泥捏的山丘，便上殿去作为贺礼。当皇帝看到这怪东西时，不禁皱紧眉头询问他这到底是啥玩意儿。于是刘墉便慢条斯理地回答说这份礼物名为"江山一统（筒）"，乾隆听了之后开心得不得了，便重重地给予赏赐。但记者事后去查证礼物清单，发现根本就没有这件礼物，以上的传闻完全是有人随意杜撰的。况且，刘墉目前的职位只是内阁学士（侍从官），连在军机处行走的资格都没有，怎可称为"宰相"？不说自大清没有所谓的宰相职位，就连军机处成立以来，也就只有首席军机大臣才比较接近宰相的地位。或许大家是把当过军机处首席大臣，并在死后被乾隆赞为真宰相的刘统勋，也就是刘墉老爸的官衔，拿来套在他头上了吧。再者，说他是罗锅（驼子）也是夸张了些，或许他身子不像名模那么挺拔，但皇帝选用官员时，除了才学外仪

> 我可没有罗锅啊……而且也不是宰相。

貌也是很重要的，要是身有残疾早就被刷掉了。不过，或许是刘墉年纪大了之后背有点弯，才得此称号也不无可能。另外，民间也说刘墉时常以机智与和珅相斗，但了解他的人都知道他本人其实是个谨慎而不露锋芒的人，而与和珅之间的关系也不算太坏，并非像外传的那样有戏剧效果。

人口突破三亿　粮食供应吃紧

大清国人口增加的速度越来越快，从乾隆六年（一七四一年）政府首次统计全国人数时的一亿四千三百万，到乾隆二十七年（一七六二年）突破两亿，再经过不到三十年的时间，今年已经破三亿大关。只是耕地增加的速度远远跟不上人口的暴增，使得粮食的供应成为政府最头痛的问题之一。

46

尹壮图诚心建议　乾隆皇将其革职

内阁大学士尹壮图之前上了一道奏折，陈述和珅所实施议罪银制度至今已衍生出诸多弊端，使得想要贪污敛财的各省督抚，更加胆大妄为，无一不先想方设法搜刮银两，等被查出之后再罚钱了事。只是弘历对于这个让他口袋满的制度，其实满意得不得了，便质问尹壮图到底是哪些坏坯子督抚在贪赃枉法。于是尹壮图回奏说："督抚声名狼藉、吏治废弛，各省的风气大抵都是如此，只要派遣满洲大臣与我同往各省稽查，就可以一目了然了。"才刚庆祝完八十大寿的弘历此时无疑被泼了一盆冷水，认为尹壮图根本就是在否定他五十几年来治国的伟大政绩。在连降十几道谕旨驳斥尹壮图并为自己吹嘘后，乾隆便令户部侍郎庆成为钦差大臣，带着尹壮图前往山西调查是否真有亏空之事。但为了给他一点教训，弘历便说因为尹壮图是自愿前往，不能算是公务，所以旅途的所有开销都必须自己支付。而且此行还不是要让贪官措手不及的秘密调查，而是在出发前，就以加急文件先行公告说钦差要前往查账。等到庆成与尹壮图到了山西之后，庆成也是没有马上盘查，而是先玩乐享宴数日，等地方官员都把

这次出差，我已经帮你安排好每天都住五星级饭店的总统套房了。

不用不用……我只要住便宜的就可以了……

反正钱你要自己出。

说出实话的尹壮图遭到乾隆的恶整

亏空的库银想办法补齐了之后，才开始查账。结果可想而知，当然是查不出任何的亏空及弊案。而可怜的尹壮图却因为时间拖久了，对各项食宿费用已开始感到无力支出，只好承认自己的错误，说各地并无亏欠，甘愿回京待罪。但乾隆帝并没有就这样放过他，反而要他再继续与庆成到直隶、山东、江南各省盘查。结果当然也和之前一样，各地呈现出一片安和喜乐的假象，查不到任何的亏空。尹壮图不但花了大笔的旅费，还被刑部依律拟了斩决之刑。只是弘历大概心里也明白尹壮图所说的并非全然不实，而且已经认错服罪，所以便宽大仁慈地将死刑改为革职留任。虽然尹壮图最后保住了老命，但大概从此以后，再也没有人敢说真话了吧。

年度热搜榜

国库存银八千万两　大清经济迅速发展

据日前公布的资料，去年国库存银已经增加到八千万两，远远超过康熙朝的最高纪录四千九百余万两，以及雍正朝的六千多万两。经济学者指出，大清国不只是东亚贸易的中心，在全球的经济中也可以说占据着重要的地位。

廓尔喀踏破扎什伦布寺　清军以福康安率兵征剿

　　因之前西藏噶伦丹津多尔济私下与廓尔喀商定的元宝未能如期支付，引起了廓尔喀的不满，声言再次发兵侵扰西藏，使得达赖喇嘛只好在六月底，指派丹津多尔济带了一些元宝到聂拉木与廓尔喀就债务问题做协商，希望可以撤销双方原先所立的协议，而改成一次性地付款了事。结果廓尔喀竟趁机发动了千余名兵士抢占聂拉木，并把西藏的谈判代表及元宝全都给掠走。而驻藏大臣保泰面对这突如其来的变局，竟然惊慌失措，不但没有派兵固守战略要地，也没有动员当地的武装喇嘛，甚至还将七世班禅从扎什伦布寺移至前藏，大有要将整个西藏弃之不顾的打算。到了八月时，廓尔喀又在六世班禅之弟沙玛尔巴的怂恿之下，发兵前往门户洞开的扎什伦布寺进行抢掠。原本寺中还有大批的武装喇嘛可以与廓尔喀对抗，但因寺中大喇嘛一听说廓尔喀兵将到，便收拾细软连夜潜逃，以至人心慌乱不安，加上留下的喇嘛中还有人占卜说不宜打仗，于是廓尔喀兵便轻易地占领地势绝危、易守难攻的扎什伦布寺，并将六世班禅所留下的法器、珍宝及大量的金银抢个精光。由于钦差大臣巴忠在闻变时已经自杀，所以四川总督鄂辉、成都将军成德便将议和之责全推到巴忠身上。乾隆帝于是命二人出兵征剿，并将占卜惑众的喇嘛立即查出正法。只是不久，二人便又因行军迟缓而被解职，改以惠龄为四川总督，奎林为成都将军，并由福康安担任征讨廓尔喀大军的统帅。

廓尔喀轻松地攻下了毫无防备的扎什伦布寺并大肆搜刮

年度热搜榜

【乾隆五十七年】公元一七九二年

福康安闪电进击　廓尔喀纳贡投降

福康安仅用三十九天的时间，便在隆冬积雪之时翻山越岭，抵达四千六百里外的前线战场

福康安在弘历的指示之下，仅用了三十九天的时间，便在隆冬积雪之时，由西宁翻越崎岖高原，抵达四千六百里外的前藏，然后在二月底将大军拉到了后藏战线。而这时已与廓尔喀军苦战一个月的成德，也终于攻克后藏的战略要地聂拉木。廓尔喀王见情势不对便请求罢兵，但由于弘历之前已有不准廓尔喀请降的谕旨，所以福康安便严词拒绝并连续攻下数个大寨。之后清军深入敌境七百里，六战皆捷，前后杀敌四千余人。七月，已经退无可退的廓尔喀选择在帕朗古横河做全力一搏。双方在经历两天一夜的激战之后，伤亡都十分惨重。这时廓尔喀王见情势已转成对自己较为有利，便再次乞降议和。而福康安也考虑到接下来八、九月将大雪封山，不利作战，同时清军也过于深入敌境，物资运补上恐生问题，所以便同意接受投降。于是廓尔喀交出由扎什伦布寺抢来的金册及其他物件，以及之前所立的岁银契约，并呈表以五年朝贡一次，正式投降成为大清的藩属。

转世灵童怎决定
金奔巴瓶告诉你

达赖、班禅等西藏的宗教领袖去世时，各个政治势力为了取得西藏的控制权，便会宣称自己找到的转世灵童才是真的，也因此时常衍生出许多争议，造成政局的动荡不安。所以在今年八月，弘历便下谕，今后将以"金奔巴瓶"抽签的方法，来决定转世达赖或班禅的人选。而实际的做法是，事先将数名被提名为可能是转世灵童者的出生年月日及姓名，分别写在签上，然后放在瓶中

焚香诵经七日，最后再经由驻藏大臣会同大喇嘛等，在众人面前公开抽签来选定新一代的达赖或班禅。如果灵童候选人只有一个，也要在金瓶中放进另一个空白签，若抽出的是空白签，就必须重新另寻转世灵童。

英使马戛尔尼求觐获准

因为在乾隆二十年（一七五五年）的时候，清廷限定只以广州一地作为对外贸易的通商口岸，令极欲发展海外经济的英国颇感不便。于是，今年英国东印度公司董事长培林爵士便写信给两广总督，表示英王陛下因前年大皇帝（指乾隆）八十寿诞时未能及时叩祝，所以这次特别派遣使节马戛尔尼代表

英王本人前来谒见大皇帝。不过信件中也同时提到，由于此次所携带的礼物非常贵重庞大，为了避免在途中不慎损坏，请求能就近于天津上岸。代理两广总都督郭世勋在收信后将原禀呈览，并获得乾隆皇帝特准，让英国的特使团可以直接北上天津。

拼拼凑凑 乾隆自称十全老人

由于西征之役终于顺利完成，同时又将廓尔喀纳入了大清的藩属国之中，弘历决定要好好地为此事留下纪念。于是便写了一篇《十全记》来歌颂自己的伟大，并将内容以满、汉、蒙、藏四种文字刻碑，立于拉萨布达拉宫的康熙御碑旁边。弘历在《十全记》中，宣称自己一生中取得了所谓的"十全武功"，即"平准噶尔、再平准噶尔、定回部、扫金川、再扫金川、靖台湾、降缅甸、收安南、降廓尔喀、再降廓尔喀"共计十次的征战，并以此自称为"十全老人"。只是如果深入分析的话，这十全之中有三项根本是把同一次战役硬分成两次来写。而且，这拼拼凑凑的十全，不但总共花掉了一亿五千万两的白银，也就是相当于四年的全国总收入，甚至严格讲起来，其中有四次还是以失败收场的。例如：进攻缅甸时，主帅明瑞战死，清军几乎全军覆没；入安南时清军也是狼狈退回；第一次打大金川没有占到上风；第二次攻打大小金川时，面对兵力只有三四千人的对手，居然得动员十万兵马，花五年时间才取胜。看来，弘历在晚年似乎已经变成一个壅蔽无知且自我感觉良好的"自大老人"了。

老板！你单子上不是说这果汁机有五项赠品吗？怎么买回去里面就一台机器，赠品呢？

当然有赠品啊！里面有一条电源线、一组刀片、一个盖子、一本说明书，加上我让你提回去的塑料袋，刚好五样啊！我做生意最实在了。

有没有兴趣再看看新发售的迷你吸尘器，有十项赠品哦。

乾隆硬是将几次打得不怎么漂亮的战役也拿来拼凑成所谓的"十全武功"四处炫耀

英国人信件遭翻译擅改　原文译本语意差别大

不久前英国人写来求觐的信件，记者在深入追查后发现，原文与译本之间语意相差极大。极有可能是担任翻译的人自作主张，将原文中两国平等的语气，修改成以下对上，让英国国王在信中大喊"大皇帝万万岁，应该坐殿万万年"，又把原信中英王说他自己慈悲为怀，关注臣民与全人类的福祉，所以取得胜利后对战败的敌人都以最公平的条件给予同享和平的幸福等宣扬国威的话删去，改成称颂大皇帝（指乾隆）的一些语句。长期研究国际关系的学者表示，由于译本在表达上的错误，已经误导了大清皇帝，让弘历在看了信之后只有一个"爽"字可以形容，因而对于两国之间的情势做出错误的判读，误以为这个远在西洋的国家对大清有臣服之意。其实这个打着祝寿名义的贡使团，根本就是一个为了打开大清国市场而来的贸易先遣团。自从数十年前英国陆续发明蒸汽机以及新式纺织机以来，其纺织业的生产力便名列世界前茅。加上英国对大清国的贸易中，虽然卖出了许多产品，但赚到的钱却只有拿来买中国茶叶的六分之一左右。而在英国来广东的商船中，大概只有百分之十是装载货物的，其他的百分之九十都装着来买货用的现银。大量的白银流入大清，已经造成英国国内社会沉重的负担。所以早在数十年前，英国方面就试着解决此一问题，只是无从下手。这次英国刚好以祝寿使节团为契机，试图改变两国之间的贸易逆差问题，把大清变成它的原料来源及商品倾销市场。弘历若不能及时认清这些现实状况的话，只怕将会做出一连串的错误决策，进而造成国家严重的危机。

呵呵……这英王真乖，有礼貌……

哼！用翻译机都比这好！

第一手资料！ 马戛尔尼使团 成员规模揭秘

最新的资料显示，这次被任命为英王特使的马戛尔尼来头不小，他本人长期从事外交工作，曾经担任过驻沙俄公使，也处理过孟加拉事务，谈判经验可说是十分丰富。在总数约一百名的特使团中有秘书、翻译、医生，还有化学、天文学等领域的科学家。而特使所乘坐的"狮子号"，则是英国第一流的战舰，舰上配有六十四门大炮。随行的船还有吨位最大的"印度斯坦号"，以及其他八艘较小型的舰艇，各船的水手及工作人员总数

大约有八百人之多。所带来的礼物也是琳琅满目，包括：前膛枪等先进武器，望远镜、地球仪等天文学仪器，钟表、马车和一艘英国最先进的配有一百一十门大炮的舰船模型。同时，据记者调查，马戛尔尼等人虽然是打着英王官方特使的名义，但实际上此行包括薪资、礼物等所有的费用，都是由英国东印度公司买单的。由此也可印证特使团此行的用意，果真在于开拓大清国的广大市场，而所谓的祝寿，只不过是一个借口罢了。

年度热搜榜

【乾隆五十八年】公元一七九三年

马戛尔尼使节团抵津　大清政府高规格礼遇

现在是跳水大赛吗？

我们政府送给英国人太多食物了，他们把吃不完的猪推到海里，大家急着去抢啦。

　　由马戛尔尼率领的英国代表团在经过九个月的航行之后，于六月底终于驶入天津。而在这之前，弘历早已谕示相关部门在接待英国贡使（前来大清进贡的使者）时千万不可过于简略，一定要让这些远渡重洋而来的西洋人瞧瞧什么才是天朝大国。所以当英国船队抵达之后，负责接待的官员们便奉命不计成本地提供最高规格的接待。不必外宾讲一句话，大量的食物及生活用品便主动且源源不断地供应而来，甚至多到了英船都装不下的地步。据记者现场目击，由于收到的物资过多，英船已经无法堆放，洋人船员只好把包括猪肉在内的许多东西都推到海中。而原本在岸上围观的群众，一看到有那么多的东西全都被丢弃，便纷纷跳到水中去争抢，以至于现在每天都有越来越多的百姓挤在岸边等着捡好东西。而为了服务使节团，官方每天的支出都要六七千两白银，动员的人数也都在千人以上。初步估计，光是准备每天的开销，政府的花费就已经高达五十万两白银，这还不包括要送给使团的丰厚奖赏。而赏赐的对象，不只包含入京的官员，连留在船上的水手，弘历也都贴心准备了礼物呢。

由于英使拒绝行三跪九叩大礼，十分不悦的乾隆已经下令降低对英使团接待的规格

英使**单膝下跪**拒叩头　乾隆**失望至极**摆脸色

当大清官员把一切都安排妥当，准备让英国使节向乾隆帝行三跪九叩大礼时，才发现洋人顶多只愿意向大清皇帝行单膝吻手礼，也就是他们向英国国王所行的礼节。虽然在几经谈判后，马戛尔尼已经勉强同意如果清方可以派一位同等级别的官员向英国国王的画像行三跪九叩礼的话，那他们也可以向乾隆皇帝行此大礼。但这样一来，可把和珅给急坏了，因为乾隆在亲政五十八年之后，好不容易在荷兰与葡萄牙之外，有这么远的西洋人前来天朝朝贡，而如今英国人却不愿向乾隆行跪拜大礼，这可叫弘历的面子往哪里摆呢？最后和珅在努力斡旋之下，终于和马

戛尔尼达成共识，让英国特使在入觐时双膝下跪三次，每次三鞠躬不叩头，呈国书时则单膝下跪，亲手将国书呈给皇帝，但免去吻手之礼。心情一下子降到冰点的弘历，对这样的安排十分不悦，便指示相关部门，说等到英国特使团要回国的时候，只要以平常的规格供应就可以了，不值得再加以优厚礼遇。但为了表示天朝大度，所有原先已经准备好的礼物，还是照样恩赏。只不过，或许是面子问题，在大清政府的官方记录上，竟然是睁着眼睛说瞎话，硬是把马戛尔尼等人所行的礼节，记成是对皇帝行了三跪九叩之礼了。

英商叩门无功返　弘历无视失警觉

在之前英使觐见乾隆帝的过程中，马戛尔尼提出了请准英商在宁波、舟山、天津贸易，在北京设置货物中心，以及减免税款，允许传教等要求，甚至还希望能把舟山附近的一座岛借给英国人，以作为停泊船只、居住及囤货之用。而对于这些"无礼"的洋人已经失望透顶的弘历，当然是臭着脸断然拒绝了英商所有的要求。他认为大清作为天朝上国，什么东西都有，不需要外国的商品即可自给自足，所以双方并不存在平等贸易的条件。不过，也有评论家指出，在这一次的

事件上，可以看出弘历不但完全搞错了方向，把企图敲开大清大门的西方殖民者，看成是要来朝贡的蛮夷之邦，还对西洋诸国的超时代战力视而不见。其实，在这次英方所送的礼物当中，便有许多性能远优于清军制式武器的枪械大炮，以及一艘英国最新最大的军舰模型。从这模型来看，大清国军舰的战力，其实已与英国军舰相去甚远。但这些信息，似乎都没有比行三跪九叩之礼这件事来得重要，身为一个国家领导者应有的敏锐嗅觉，就这么被失望及不爽的气味所淹没了。

乾隆因礼节之争所生的怒气，已经严重影响了一个国家领导人所应有的敏锐感官

这是我国的精锐部队，怕了吧……

大清自曝其短　英使摸清底细

　　马戛尔尼在两广总督长麟护送南下之后，已就途中的所闻所见，向英国国王提交了一份报告。这份报告指出，大清国无论是在工业还是科学方面，与西欧各国比起来实在是落后得不像话。就以长麟堂堂一个封疆大吏来讲，竟然连看到火柴也惊讶得目瞪口呆，一副不晓得为什么从口袋中可以变出火来的样子。乾隆帝原本大概是想要展示军威，所以在南下的路上安排了他和大清官员一起巡视正规部队。但是这些感觉像是经过时光隧道才看得到的中世纪部队，不但大部分都还依赖刀剑等传统武器，连火器枪炮的样式也都远逊于西方各国，甚至那几门破烂不堪的大炮，都令人不禁怀疑是不是从葡萄牙人那里借来的。尤其是军队的指挥官，居然还

有专人帮他撑伞扇风，连兵士也是懒洋洋地拿着扇子摇，真不知道这种部队要如何打仗。现在的大清国就好比一艘破烂不堪的头等战舰，只要有一天换成一个没有才干的人在甲板上指挥，那后果就不堪设想。另外，有消息来源指出，马戛尔尼在回程途中，不但取得了生产丝绸的关键——蚕茧以及茶叶树苗这两项极为重要的物品，还把宁波到天津大沽口、大沽口到通州的航道，以及北京、通州、定海等城市的防御设施都做了详细的观察与记录。连城墙高度、城门构造、火器配置位置、军队的武装等，都记录得十分详尽。如果事实真是如此的话，日后西洋人要是想对大清发动战争，那这些资料对大清国来说将是致命的。

年度热搜榜

错失良机　无缘奋起
英礼涵盖科技新知　原封不动收入库中

明朝末年，后金（大清的前身）领导人皇太极（清太宗）在与明军交锋的时候，发现了明军所使用的火炮威力十分强大，让当时还没有火炮部队的八旗军在战场上吃了许多亏，于是便想办法仿制火炮并成立了"乌真超哈"（汉军重炮部队），而最后终于取朱明而代之，建立了今天的大清国。在这次英国送来的礼物中，虽然有许多科技水平远胜于大清的武器，但弘历却视而不见，未能把握住急起直追的机会。一位不愿透露身份的高层表示，皇帝在

关起来吧……

乾隆竟然将收到的许多高科技礼物都收入仓库未加利用

看到许多新型枪械时，竟然只是觉得用起来不像旧式鸟枪一样顺手，而且生日寿诞也不适合玩弄枪炮，所以连试也没试就全都收进仓库中。而精确模仿整个太阳系运行的天体运行仪，虽然可以直接从仪器上看到月球绕地球、太阳轨道、带有四颗卫星的木星、带光圈的土星等天体的运行方式，却也因为被认为这与钟表齿轮没什么不同而被搁在一旁。更令人失望的是，配备着一百一十门大炮的当今最先进战舰"君王号"模型，却因为翻译人员对船舰不甚了解，回答不出乾隆帝的问题而就此遭到冷落。连当时欧洲最先进的

几门火炮，也只在官员进行一次试射之后，便被锁入仓库之中。而据说这威力强大的火炮之所以没有被重视，是因为官员自以为熟练掌握各种火炮的使用，所以在试射时没有用英国的炮手示范，以至于过程不是很顺利，便汇报说这只是英国人夸大其词罢了，其实并不好用。另外，英国也送了两辆有弹簧避震器，舒适性、行进速度及稳定性都非中式马车所能比的新式马车。但也因为车夫的座位在车厢前面，且高高在上又背对着皇帝，所以便被认为与体制不合，而原封不动地被收进圆明园的库房之中了。

【专题报道】中西火器的差异

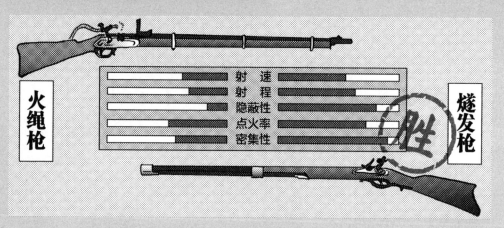

火绳枪

燧发枪

射　速
射　程
隐蔽性
点火率
密集性

　　目前大清部队所使用的制式鸟枪，是一种属于前装式的滑膛火绳枪。这种枪在装填时，要先用火药瓶往枪口倒入推进用火药，再将弹丸从枪口塞入，然后用长条细棒将弹丸推入。但为了避免倾斜时弹丸从枪口掉出，还必须先将弹丸先用纸或布包好。接下来再把火药倒在枪机中的火皿上，并且得把火盖盖上以免走火。要射击时，得先把火盖掀开，瞄准扣下扳机之后，火绳会撞上火皿而将导火药引爆，导火药的爆炸会引爆推进药而将弹丸射出。这种鸟枪除了重新装填要花很多时间外，最大的问题就在于亮闪闪的火绳头时常误燃士兵身上的火药袋而发生爆炸。当天气不佳时，火绳头及火皿也很容易被雨水打湿而无法击发。而且因为火绳会以大约每小时三十厘米的速度不断燃烧，所以也必须时常调整火绳的长度。另外，由于作战前要从火堆或携带型的火种罐中先引燃火绳，所以也不利于部队的隐蔽，行踪容易被敌军发现。而西洋人现在普遍使用的新型燧发枪，虽然与火绳枪一样都是前装式枪械，但在击发原理上有极大的进步。这种设计是在击锤的钳口上夹一块燧石，在传火孔边有一击砧。射击时只要扳机一扣，燧石在弹簧的作用下便会重重地击打在火门边上，冒出的火星会引燃点火药，然后将弹丸射出。这种枪不仅不用担心因火绳燃烧产生的光和散发出的独特气味而暴露目标，而且其射速更快，重量更轻，后坐力更小，射程更远。在实际战斗时，火绳枪为了给火绳留出安全距离，并排的两名士兵之间至少得距离一米。但使用燧发枪的士兵却可以紧密地排列着，也就是说其火网可以更加密集，整体命中率也更高。和火绳枪仅为百分之五十的点火率相比，燧发枪的点火率更是高达百分之八十五以上。而且自从十七世纪初，所谓的纸壳子弹问世之后，燧发枪的射速又提高了一倍，达到每分钟两三发甚至更多。由以上的差异，不难发现大清军队的战斗力已经与西洋各国无法相比，要是两军对阵的话，恐怕有再多的清军也打不过人家了。

归政大典时间将至　乾隆宣示仍掌全权

乾隆皇帝弘历为了庆祝即将举行的归政大典，已经宣谕从今年秋季开始，将连续三年开设归政恩科（特别加办的科举考试），同时也豁免各省所欠总计一千七百万两白银的税款，以及三百七十五万石的粮食。据说，弘历十分重视归政大典的筹备工作，因为他觉得尧舜的禅让都是传给外姓，只能算是外禅，而他的内禅却是从三代以下绝无仅有，可以说是比尧舜还要伟大。当大典完成的那一天，他便成了千古以来独一无二的完人了。不过，话虽然是这样讲，弘历毕竟也怕自己退位之后，会像历史上有的太上皇一样没好下场，甚至落到遭受软禁或是丢掉性命的地步，所以为了保护自己，他已经不断地明白宣示，说归政之后只会将接待、开会、祭祀等日常工作交

给新的皇帝去做，所有军国大事仍然还是由他裁决。新皇帝则必须朝夕听其训导，以便将来亲政时才能知所依循。讲得直白一点，就是乾隆帝似退不退，只是名义上换人当皇帝，但实际上权力还是牢牢地掌握在弘历手中，与归政前比较不会有太大的改变。

乾隆公开宣布明年归政之后，新皇帝只负责一些不重要的事，重要的军国大事还是由他亲自裁决

嘻……这好玩。

年度热搜榜

改土归流又生弊端　西南苗民进攻官府

自从雍正年间对西南边境地区实施改土归流政策之后，虽然已经逐步地去除了土司之弊，但却往往因为所派流官（由中央政府直接派任的官员）的素质不一，而又另外引发了一些问题。部分不肖官员的胡乱征税，以及外来移民以高利贷兼并土地的现象，使得当地苗民由小地主一步一步地沦为佃农，导致生活日益穷困。日前贵州松桃、湖南永绥等地的苗族百姓，便因为被逼得走投无路而拿起武器进攻官府，以实际行动表达了心中积压已久的不满。而清廷在闻讯之后已经紧急命云贵总督福康安率领大军前往征剿。

重量不重质　乾隆写诗破纪录

据统计，弘历在执政的六十年间，竟然写出多达四万二千六百四十余首的诗，打破了有史以来诗人创作的最高纪录。只不过在申请吉尼斯世界纪录时，有学者指出乾隆的作品虽然数量多到不可思议，但质量平平，大部分充其量只能称作打油诗罢了，堪为佳作者其实十分有限。

而且其中许多作品都是他偶有灵感时，所随意念出的几个片段句子或是草稿，然后交由军机大臣汪由敦、于敏中等人帮他完成。而这样的差事可不简单，既要把皇帝破碎零散甚至不成句的片段文字不失原意地改写成一首诗，又不能像老师改学生作文那样大笔删改不留情面，如果没有深厚的文学底子及圆融的政治修为，是不可能做到的。

咳！咳……给我水。

咳？水？要怎么变成一首诗才好呢？

其实乾隆所作的许多诗都是由大臣依其临时想到的片段句子加以修饰而成

鸦片走私严重　国内经济恶化

虽然政府早在雍正年间就对害人不浅的鸦片已下令严禁，但由于鸦片税占了英国政府百分之四十以上的税款收入，所以不论是英国政府还是鸦片商人当然不会放弃这种牟取暴利的黑心买卖，于是鸦片便从公开进口转变成秘密走私。负责生产鸦片的英国东印度公司，把鸦片装入便于偷运的特殊箱子之后，便运至加尔各答拍卖给鸦片商人。之后鸦片商人将货物先运至沿海，然后通过贿赂海巡官兵的方式，就这样把鸦片一箱一箱地走私上岸。而政府所设下的严格禁令，就在主管官员收了这些钱之后完全被破解，让鸦片买卖几乎是以公开的方式在光天化日之下进行。据估计，乾隆三十二年（一七六七年）时走私的鸦片约有一千箱，乾隆四十六年（一七八一年）时增加到两千箱左右，到了今年则是已经突破四千箱。在不到三十年的时间内，走私的数量竟然已经增长了三倍之多。而大清国的高额贸易出超，也因为购买大量鸦片而变成每年严重入超八十万两白银。白银的大量流出，除

了使得白银与铜币的兑换率，从乾隆初年的一比七百上涨到一比一千三百，让百姓在缴税时负担更重外（百姓赚的是一文一文的铜钱，但缴税时要兑换成白银。原本一两银子的税金只要七百钱就可搞定，但现在却要一千三百钱，等于税金几乎加倍），也使得当作国内货币的白银流通量大幅减少，间接影响了商品的交易，造成国内的经济逐渐出现停顿的趋势。

鸦片走私泛滥都是由于官员索贿放行之故

乾隆皇帝公布传位密旨 十五阿哥永琰立为太子

大年初二弘历与诸皇子皇孙一起吃饭时，除了十五阿哥永琰外，每一个人都收到了贵重的礼物。正当永琰有点尴尬时，弘历便语带神秘地对他说："你要银两有什么用？"这使得皇储的人选在当时便已呼之欲出。果然，到了九月初三日，弘历便把诸皇子及王公大臣召至勤政殿，然后取来乾隆三十八年（一七七三年）所立之传位密旨开封宣读，立皇十五子嘉亲王永琰为皇太子，于明年（一七九六年）登基为嗣皇帝，定年号为"嘉庆"，即日起移居毓庆宫，并普免全国各省明年的税银。弘历也宣谕将永琰名字中的"永"字改为较不常用的"颙"字，以减少臣民在避讳时的困扰。同时宣谕，乾隆帝在归政之后改称"太上皇"，太上皇的谕旨则改称"敕旨"，仍旧自称为"朕"不变。今后臣僚题奏时，只要遇到"天""祖"二字，就必须高四格抬写，"太上皇"高三格抬写，"皇帝"高两格抬写。太上皇的生日称为"万万寿节"，嗣皇帝的生日仍旧称为"万寿节"。在所有人最关注的权力分配部分，嗣皇帝只处理例行性事务及负责祭祀等琐事，所有政治经济军务大事都仍旧由太上皇裁决。评论家指出，如果颙琰聪明的话，就应该尽量表现出对权力没有任何染指之嫌，同时避免与藩邸旧臣及朝中大臣私下有任何联系，以免对老爸形成威胁感而步上康熙朝胤礽太子被废的命运。虽然明年新的嘉庆帝就要坐上皇位，但由于仍必须接受太上皇之训政，所以整个国家机构的权力都还是牢牢地握在弘历手中。也就是说，在乾隆帝去世之前，颙琰永远都无法走出太上皇的阴影，只能小心行事，乖乖当个听话的儿子。

【后宫剧场】乾隆的后妃们

乾隆以超过四十位的后妃人数，紧跟在康熙大帝之后，成为大清国历代皇帝中，后妃人数排行榜的第二名。弘历的首位皇后富察氏，是在他十七岁时完婚的原配福晋，年龄只比他小一岁。富察氏为人恭俭温和、细心体贴，与弘历的感情可说是非常深厚。她统摄六宫，上以孝侍奉皇太后，下以诚视诸妃所生之子如己出，让内宫的所有嫔妃皆对她心悦诚服。可惜的是，乾隆十三年（一七四八年）富察氏随圣驾东巡时，突因受风寒染病而病逝途中，

不要啊……

好怪的组合……

乾隆晚年所宠爱的江南佳丽，年龄和他竟差距六十岁以上

随后由皇帝直接指定谥号为"孝贤皇后"。有人说，挚爱的离去除了让弘历悲恸不已，还造成他的性格不变，由宽仁转为动辄用刑杀戮。在富察氏去世之后，为免后宫无人统摄，乾隆在皇太后的要求之下立了娴贵妃为皇贵妃，并于二十七个月的丧期过后正式册封为皇后。但或许由于弘历与富察氏的感情太深，娴贵妃始终无法在皇帝心中取代其地位，也埋下了两人之间婚姻不美满的因子。甚至在乾隆三十年（一七六五年），她还闹出自行断发争闹的事端来，让弘历对她更加不满。隔年她在忧愤之中去世，还被弘历降格改以皇贵妃的礼制规格下葬。而在乾隆中期较能博得皇帝欢心的大概就是容妃了，她于乾隆五十三年（一七八八年）去世之前，都受到极度的宠爱与礼遇。只是在弘历晚年的时候，江南年轻貌美的女子反而变成皇帝的首选。不过这种年龄差距超过一甲子的老夫少妻配对，在寻常人的眼中，还是很奇怪的。

义军遭剿散而复聚　起义预计年底可平

今年年初爆发的贵州苗民起义，在湘、黔、川三省交界处的苗民相继响应之后，影响逐渐扩大。虽然清廷已经调派湖广总督福宁、湖广提督刘君辅率领一万三千人的部队自湖南的凤凰厅向西推进，也让四川总督和琳与四川提督穆克登阿率兵四千自四川向东进击，同时又令云贵总督福康安领兵万余由铜仁向北进军。但是起义军在部分据点被政府军各个击破之后，余党又有联合之势。于是清廷又征调了数万兵士前往征剿，希望能赶在冬至归政大典之前结束这场战事，无奈仍然未能成功，使得政府被迫宣布将归政大典延期到明年元旦举行。而目前乾隆帝为了能尽快摆平这件事，让归政大典在没有遗憾的完美状况下顺利进行，已经谕令福康安改采以苗攻苗的方式来分化敌军。军事分析家指出，此种战略应该很快就会收到明显的效果，预计到了年底时便可平定这一波的起义。

文字狱屡兴　士人噤声埋首考据　国家发展陷入困境

根据学者的统计，乾隆年间文字狱的数量，可说是数倍于康熙、雍正两朝。光是大案就多达六十余起，遭到滥杀者更是不计其数。研究人员表示，清廷在压制言论并进行思想控制的同时，已经严重破坏了文化学术的创新与发挥。人们的思想受到阻滞，知识分子也不敢正视自己应该在历史中所担负的责任及扮演的角色，只能埋首于考据、烦琐的学风之中。

清政府通过文字狱及八股取士对全国知识分子进行彻底的思想控制

第二章

动乱四起　兵疲财尽

（公元一七九六年～一八一三年）

本章大事件

▶ 嘉庆帝登宝
太上皇训政

▶ 官逼民反
白莲教兴
起义军攻陷当阳

▶ 常胜将军福康安
败于瘴疠染病亡

▶ 坚壁清野
政府军扭转劣势
合而复分
王聪儿跳崖身亡

▶ 四川现白莲
官军居劣势

公元一七九六年　　**公元一七九七年**　　**公元一七九八年**　　**公元一七九九年**

▶ 义军四川会师
声势前所未有

▶ 首揆阿桂病逝
和珅尽掌朝政

▶ 乾隆驾崩
嘉庆亲政
和珅遭清算倒台

▶ 和珅跌倒
嘉庆吃饱
八亿两赃银等同国库
十年收入

▶ 花费七千万两
官军终见曙光

▶ 英国崛起
大清经济霸主地位遭受
挑战

▶ 白莲起义全部平定
兵力耗损国库近空

公元一八〇〇年　　**公元一八〇三年**　　**公元一八〇四年**　　**公元一八〇五年**

▶ 惊险万分
皇帝紫禁城遇刺

▶ 皇宫再传歹徒持械
闯入事件

68

▸ 天理教密谋反清
　天地人三皇齐聚

▸ 事机外泄人皇被捕
　天理教众劫狱起事

▸ 二百壮士
　天理教突袭紫禁城
　指挥若定
　二阿哥枪法超神准

公元一八一一年　　　公元一八一二年　　　公元一八一三年

▸ 全国欠税两千万两
　民穷官贪拖垮财政

嘉庆帝登宝　太上皇训政

> 乖，你年纪还小，这些事情爸爸帮你决定就好。

摸～

……

嘉庆帝虽然登位亲政，但军国大事还是一样由太上皇做主

众所瞩目的皇帝传位大典，终于在今年正月的第一天于太和殿隆重举行。典礼中，乾隆帝弘历将刻有"皇帝之宝"的玉玺，亲手颁授给接棒的十五阿哥永琰，自己退位为"太上皇"。永琰在跪受大宝之后，率领所有王公大臣向太上皇行三跪九叩大礼，然后恭送太上皇回宫。随后永琰退至保和殿换上了皇帝的礼服，再回到太和殿内行登基大典，接受所有王公大臣的三跪九叩之礼，正式依弘历之前的指示，将名字改为"颙琰"（依例，无论公私文书在书写时都必须避开皇帝的名讳以示尊崇，但因"永"字为常用字，为免过于扰民，所以改为较不常用的"颙"字），并改元"嘉庆"。不过，由于弘历早已表示他还要以太上皇的身份继续"训政"，所以颙琰（清仁宗）虽已坐上皇位，但实际上国家最高的领导权力，还是牢牢地掌握在已经年过八旬的父亲手中。而在皇宫之中，也还继续使用"乾隆"的年号，甚至原本要在今年全面改铸发行的"嘉庆通宝"，也要改成只发行一半的数量，另一半的量仍然铸造"乾隆通宝"流通市面。

三千位老者受邀千叟宴

归政大典之后没几天，皇宫之中便又热闹了起来，三千多名受邀的宾客，齐集在皇极殿前参与盛大的千叟之宴。这次在太上皇的谕令之下，凡是六十岁以上的皇亲宗室、蒙古王公、政府官员，以及七十岁以上的兵民百姓，连同远道而来的外国贡使都被一同邀请。宴会一开始，先由颙琰为太上皇敬酒，并献上一段传统舞蹈，然后太上皇又召王公与一品官员，及九十岁以上的老者至御前接受赐酒。与会的老人对于能够参与这样的盛会，吃到一口御赐的菜肴，喝上一杯御赐的醇酒，都觉得不虚此生了。

官逼民反　白莲教兴　起义军攻陷当阳

近年来由于各地天灾人祸不断，加上贫富差距拉大、物价飙涨等种种因素，导致民众的痛苦指数直线上升。觉得没有未来的贫苦百姓，只好将一切寄托在宗教信仰上，使得白莲教又开始日渐兴盛。而面对这样一个教派，政府也紧张了起来，开始加强查缉的动作。只不过，听说绝大部分的官员，都是以追查白莲教之名，来行压榨索贿之实。这些官员根本不管你是不是真的入了白莲教，只管你拿不拿得出钱来满足他们的欲望。任何一个被盯上的人，只要凑不出官员差役们索要的银两，便会被当成白莲教徒拷打致死。而贪官污吏们这种无耻的行为，又反过来加深了民众对官员的仇恨，将百姓逼上了起义之路。据了解，枝江、宜都的白莲教众都已相继起事，当阳县城也被起义军攻陷，连知县都被起义军所杀。清廷在得到消息之后，已命湖广总督毕沅、湖北巡抚惠龄领兵进剿起义军。虽然清军由各处调来兵马，并用大炮轰击当阳城，但在连攻数日之后，到目前为止仍未有任何进展。

官军时常借着清查白莲教的机会，向无辜的民众索贿，结果反而把更多的百姓逼上了反抗之路

王聪儿领军进攻樊城

据最新消息，在湖北各地起事的起义军，虽然都遥尊白莲教领袖刘之协为"天王"，但这些部队之中，却以王聪儿所率领的襄阳部队最为强悍。王聪儿原本是襄阳地区白莲教领袖齐林的妻子，但齐林在起事前便因事泄被官府逮捕斩首。而由于王聪儿从小便跟着父亲在江湖卖艺，不论是跑马走绳还是舞刀弄剑等武艺都有过人之处，加上为人豪爽，所以才刚满二十岁便被襄阳当地的白莲教徒公推为"总教师"，率领这支强悍的起义军起事，并对樊城发起猛烈的攻击。目前不但在樊城的官军处于不利的地位，连另一支在孝感进剿起义军的部队，也因误中埋伏，陷入泥沼之中而全军覆没。

官员为邀功胡扯　被乾隆轻易识破

在当阳围剿起义军已经三个月却未能破城的湖广总督毕沅，日前在报告中提及之所以久攻不下，是由于起义军在城墙上面挖沟掘壕，降低了火炮的攻击力。但官军连日来坚持不懈地炮轰，已经击毙了当阳城上四百多名起义军。只不过，这份报告送上高层之后，一下就被乾隆看出自相矛盾之处。弘历认为像当阳这种小城，如果在城上挖壕的话，那城墙不用大炮轰击便会自行倒塌了。况且，官兵在城下用大炮向上仰攻，就算在城上的起义军被击中，也一定是向后倒扑，从城外根本不可能算得出死亡人数。看来太上皇虽然已经年迈，可头脑还是清楚得很，毕沅这次不但没有达到邀功的效果，反而被降旨狠狠地申饬了一番。

湖广总督毕沅为了邀功而胡乱编造军事报告

接下来要往哪边走呢?

嗯……去河南好了，那边防守很空虚……

由王聪儿率领的襄阳起义军行踪飘忽不定，令官军难以应付

常胜将军福康安败于瘴疠染病亡

年初时征讨苗族起义行动已获初步成果的统帅福康安，竟然在成功诱捕了苗民领袖石三保之后，于五月病死军中。资料显示，福康安可说是乾隆一朝的名将，他长期卫戍边疆，初征大小金川，后又平定起义，接着又被派到台湾平定林爽文起义，随后又击退侵袭西藏的廓尔喀人，征战的足迹可说是遍及全国。这位因战功卓著被弘历破格封为固山贝子（第四等爵位，福康安是第一位以非宗室身份获此爵位的官员）的常胜将军，却在今年督师湖南时，因感染瘴疠仍抱病出征而逝于军中，不但对征讨行动造成一定的影响，也让太上皇痛失一名爱将。

四川现白莲　官军居劣势

继湖北起义军如雨后春笋般冒出来以后，四川境内的白莲教众也跟着起事。清廷为了防止四川义军窜入陕西，便急命已经在湖北助剿的四川总督福宁、成都将军观成速速赶回四川，并要陕西巡抚率军加以堵截。不过这样的安排，却仍然压制不了起义军的气势，在双方激战之后，政府军目前可说是伤亡惨重而落居劣势。而由王聪儿所率领的襄阳起义军，虽然在之前遭到官兵重创，但不久后又突破包围，以打带跑的方式摆脱追击，在各地吸收部众，并壮大成为一支数万人的部队。据可靠消息，行踪飘忽不定的王聪儿军，目前虽已准备转往河南发展，但其最后目的极可能是要伺机进入四川与当地的起义军合流。要真是如此的话，这股强大的反抗力量就会令官军更难以对付了。

官军陆续进援四川 王三槐部降而复反

官军在湖南与苗族起义军激战，并于去年岁末将其平定下去之后，领兵的明亮、额勒登保、德楞泰等人，便受命于今年初分赴四川、湖北，协助平定起义军。官军在得到这批部队的支援后实力大增，开始扭转劣势，与四川起义军王三槐的部队进行激烈的攻防战，甚至还俘虏了起义军的军师王学礼。于是四川总督宜绵便利用这个机会，要广元知县刘清带着王学礼所写的书信，到王三槐的大营中招降。由于刘清是四川当地少见风评很好的清廉官员，交谈的过程也展现出了十足的诚意，所以很快便取得起义军的信任，而王三槐也随刘清回到政府军大营，准备商讨招安的细节及实际步骤。只是，刘清所做的这些努力，都因为大营军官对王三槐的羞辱及敌意而化为泡影。感觉不到一丝友善之意的王三槐只好又趁隙逃出，然后继续率领起义军与政府对抗。

义军四川会师 声势前所未有

在招抚之计失败之后，四川总督宜绵下令对起义军发动总围击，准备以优势的兵力将起义军彻底剪除。但就在四川起义军已经伤亡惨重的情况之下，由王聪儿主领的襄阳起义军却如神出鬼没一般出现在战场上，不但化解了友军的重大危机，还再一次将起义军的声势提升到一个新的高度。据了解，之前官军在得知王聪儿将所属部队分成三路转进河南之后，便立即派兵想要加以堵截。但王聪儿的部队行踪飘忽，行进中既不整队也不迎战，数百为群忽分忽合，追击的官军可说是疲于奔命而一筹莫展。后来，三路军在镇安会合，再沿汉水北岸行至紫阳，并夺船渡过汉水，就这样进入了四川。当襄阳与四川的起义军会师后，各路起义军都相继来归，目前为止人数已经达到十四五万之多。起义军将部队按照颜色进行了编组，以王聪儿、姚之富部称为襄阳黄号；高均德、张添文部称为襄阳白号；张汉潮部称为襄阳蓝号；四川徐天德部称为达州青号；冷天禄、王三槐部称为东乡白号；龙绍周部称为太平黄号；罗其清部称为巴州白号；冉文涛、冉天元部称为通江蓝号。虽然起义军的声势达到前所未有的高峰，但战略专家也指出，由于起义军未能公推出一个能指挥全局的统帅，各军之间因观念的狭隘未能真正地齐心协力，加上当地的物资缺乏，无法长期供应军需补给，所以这股好不容易才合流的力量，恐怕不久后便将再度分散。

首揆阿桂病逝　和珅尽掌朝政

太上皇说和珅表现太棒了，从今天开始加薪两倍。

今天肚子不太舒服，好几天没上厕所了。

太上皇真的这样说吗……

谁知道啊……

太上皇过于老迈，口中嘟囔的话只有和珅能够听得懂

今年八月，首席军机大臣阿桂去世之后，和珅终于去除了长久以来一直挡在前面的大石头，彻底掌控了朝政。目前和珅除了管理吏部外，还兼管了刑部及户部，影响力可说是遍及整个政府部门。而且，由于年迈的太上皇说话已经不是那么清楚，有时根本没人听得出他嘴里到底在嘟哝些什么，都要和珅在旁重新复述旨意。而和珅口中说的，到底是否为太上皇的原意，连当今皇帝颙琰也都不敢做任何表示。嘉庆帝虽然因为身边被安插了和珅的亲信，而表现出对和珅极度的礼遇与容忍，甚至连和珅下令将原本只该送交皇帝的奏折都要另交一副本到军机处这种严重侵犯皇权的事也都隐忍下来。但据可靠消息，皇帝似乎也开始暗中笼络那些不肯依附和珅的大臣，准备在适当时机来个绝地大反扑了。

官军交战守则大揭秘

据随军记者透露，当官兵在与起义军交战的时候，通常正规军团并不会在第一时间与敌人短兵相接，而是派出那些招募来的民兵乡勇打前锋。双方交战的结果，如果是乡勇落败的话，政府军通常就来个匿而不报，但如果稍有一丁点胜利的话，将领们便会立刻向上呈报，将成果放大几十几百倍来邀功。而实际上，除了几次无可避免的对战外，官军们通常都只是远远地尾随在起义军之后而极少与其正面交战。甚至有些被起义军进攻的地方，都已经准备好粮食请官军前往平定，而官军却死都不肯前往，净找些起义军不会出现的地方驻扎停留。官军畏战至此，入关前骁勇善战的八旗军团雄姿已完全不复见，也难怪起义军的势力不但久久无法扑灭，还常常是越剿越多、越滚越大。

年度热搜榜

喂……不是说好要谈判的吗……

鬼才跟你谈判咧……给我抓起来！

四川起义军领袖王三槐因误信官军谈判之计而被俘

坚壁清野　政府军扭转劣势
合而复分　王聪儿跳崖身亡

原本在四川大会师的起义军，果然因为无法成功地整合而再度分散开来，让追剿的官军给逮住了分头击破的机会。率军离开四川的王聪儿部队，在先派遣一支部队成功地将官军主力引开之后，便乘虚渡过汉水，直逼西安。官军在发现上当之后仓促回防，与起义军发生了激烈的战斗，在受到极大打击之后，起义军只好再转往湖北发展。而这时官军也采用了新的战略，要求各地的地主把民众武装起来，然后就地修筑碉堡。等到起义军前来的时候，便将所有百姓都赶进碉堡里，采用坚壁清野的方式，让起义军得不到百姓的帮助。这个方法果然奏效，在武装民团的堵截，以及官军的穷追不舍之下，王聪儿的部队在郧西三岔河陷入重重包围之中。王聪儿被逼退到茅山，在顽强抵抗之后，因弹尽援绝而从悬崖上跳下身亡。几个月后，四川起义军的领袖王三槐也被骗入官军大营，在准备与政府进行谈判时被俘，并将被解往京师凌迟处死。虽然起义军余部在冷天禄的带领下，又曾一度重创官军，但大体上看来，政府军似乎已经逐渐扭转局势，开始一一清除四川境内的白莲余党。

在失去太上皇的保护之后，和珅立刻遭到嘉庆帝的清算

乾隆驾崩　嘉庆亲政　和珅遭清算倒台……

正月三日，大家刚开开心心地过完新年，训政即将迈入第四个年头的太上皇弘历，就以八十九岁高龄于养心殿中安详离世，成为中国历史上最长寿的皇帝。乾隆的年号虽然只用了六十个年头，比他祖父玄烨的康熙年号还少了一年，但是加上太上皇训政的时间，仍以实际掌权达六十三年，再破一项纪录。而颙琰在真正亲政之后要做的第一件事，当然就是铲除仗着乾隆皇帝当靠山，早已权倾朝野的大臣和珅。所以在太上皇病逝的隔日，嘉庆帝便马上传旨，命和珅于宫中日夜守丧，并拔除了其军机大臣及九门提督（军事指挥官）两项要职，同时下令官员奏折不许再另送一副本至军机处。几天后，肃清活动如火如荼地展开，在都察院给事中（监察官）王念孙、广兴上折弹劾之下，和珅不但被皇帝革去内阁大学士的头衔，还被打下大狱并查抄家产。而其党羽户部尚书福长安，也同样难逃被夺职丢官、抄家下狱的命运。

和珅跌倒 嘉庆吃饱　八亿两赃银等同国库十年收入

我的钱……

现在是我的了。

颙琰亲政后才两周的时间，便对和珅做出了最终的处置，以二十条罪状令其自尽。和珅之子丰绅殷德因身为嘉庆帝妹妹之夫婿而免遭连坐，和珅党羽如福长安、苏凌阿、吴省兰、吴省钦等，则都被革职罢黜。而据内务府的统计，在和珅被查封的家产之中，光是珍珠、手串就超过了二百件。有些珍珠甚至比皇帝御用顶冠的还要大，连宫内都不曾见过的稀有宝石更是不计其数。夹墙及私库中所藏的黄金将近万两，白银则达一百多万两之多。另外，房产、当铺、银号、古玩铺、田地等数量也十分惊人，光是在京城的房屋就有两千多间。经过折算之后，和珅的所有家产总值竟然有大约八亿两白银之多，这个天文数字，相当于政府财政收入十年的总和。而这些被查抄了的财物，除了一小部分赏给亲信大臣外，绝大部分都收入了嘉庆帝的私人口袋之中，也难怪到处都流传着"和珅跌倒，嘉庆吃饱"的说法。不过，财经专家也警告，由于查抄和珅名下为数可观的银号、当铺时，连一般百姓存在其中的资产也全部被充公。如此一来，势必引发一场金融风暴，造成一波接一波的商号倒闭与百姓破产风潮。预估受到最大冲击的华中一带，将会引发人民的暴动，对大清国的前景来说是另一项严重伤害。

谏言竟遭重罚　朝廷改革无望

嘉庆帝在扳倒和珅之后，为了迅速稳定政局，特别宣谕百官，表示本案到此为止，将不会再有任何株连，也不会复咎既往。此一做法，虽然成功地让整个躁动不安的情势稳定了下来，但未能把握这个机会大力整饬官风，汰除为数众多的贪官污吏，也让各界大叹可惜。资深评论家指出，从整个过程来看，颙琰这一系列动作的目的，本来就不是要革新朝政，而只是单纯地肃清对自己不利的敌手。这点从翰林院官员洪亮吉上疏谏言却遭重罚一案，便可清楚地看出来。在和珅倒台之后，洪亮吉热血地写了封奏折，揭露了当今政局官贪政乱的真相，请求皇帝能励精图治、清除弊政，结果却被嘉庆帝以语涉不经、全无伦次，套上了私论国政的罪名，最后不但被罢了官，还被发配到几千里外的伊犁去充军。看来，今后应该不会再有人对朝廷存有改革的幻想，而站出来抨击时政了。

■ 花费七千万两 官军终见曙光

由于大部分的将领在受命征剿起义军时，都常有拖延的心态，表面上做了很多假动作，但实际上却没有认真执行任务，使得政府数年以来，光是花在征讨起义军上的经费，就已经超过七千万两白银。颙琰虽然对于这样的情形感到既失望又生气，但骂归骂，也只能继续从四川、陕西、甘肃、湖北、河南各地，再调来三万名兵士投入征剿大军行列。这批生力军加入之后，让官军在人数上的优势持续扩大。加上坚壁清野的战略奏效，起义军在无法顺利取得粮食补给的状况下，力量也开始逐渐减弱。于是四散流窜的起义军，便开始遭到官军的各个击破，目前冷天禄、冉天元、张汉潮、刘之协等部，都已被官军一一击溃。各地残余的势力，已经无法再对政府形成威胁。

英国崛起 大清经济霸主地位遭受挑战

一份极具权威的经济研究报告指出，虽然目前大清国的经济总量在全世界所占比重相当大，而且在全球十个人口超过五十万的城市中，大清就有六个，但国家的整体竞争力却是呈现出急剧下滑的倾向。相关数据显示，大清虽然经济总量很大，但由于官员贪污怠职的情况非常严重，以及连年的民变所造成国库的大量消耗，而决策高层也未提出任何有突破性、前瞻性的施政蓝图，所以前景越来越不被看好。相较于西方诸国，尤其是英国在工业革命之后，不但经济实力已经大幅跃进，更以武力逐步夺取印度的统治权，来当作其海外的殖民地。经济学者相信，一切以经济利益为导向的英国，势必通过各种方法，试图敲开大清的市场大门，而双方的竞争及冲突也将会愈演愈烈。

吱——嘎

政府近年来光是花在平定白莲教起义上的经费就已经超过了七千万两白银

可恶！花了这么多钱，连一只也没有夹到。

年度热搜榜

暴雨成灾　赈灾成为政府沉重负担

　　今年入夏以来，连月的暴雨已经造成北方极为严重的灾情。各州县因雨成灾的折子不断送到颙琰的面前，甚至连皇帝避暑的热河行宫、遵化东陵，也全都给泡在了水中。嘉庆帝闻讯之后，便下令免除灾区赋税，并由户部拨款十一万两作为赈灾之用，同时截留两淮解京的税银共一百万两以备放赈。但由于这次受灾的面积实在太大，国库也因连年用兵而无法负担，所以在东拼西凑之下，依然差了五十万两的缺口。最后颙琰只好传谕各级官员发挥爱国精神，以踊跃捐输来补足这笔款项。虽然捐钱对于官员们来讲是个压力，但却也是个在皇帝面前表现的大好机会，所以这次的募款活动很快便达成了预定的目标。据说，光是粤海关监督一口气就扛下了二十五万两的额度，只不过这笔钱他并不打算从自己口袋里掏，而是直接划定广州每个行商（洋人到大清贸易时的中间商）的额度，然后再胁迫他们依这个数目"自由乐捐"。而行商为了能继续做生意，也只好含泪将银两双手奉上了。

英国货品严重滞销

就是爱喝茶 大清狂赚英国人白银

据记者报道，之前当英国人在全球各地扩张势力，而发现中国这个拥有四亿人口的广大市场时，其国内便掀起了一阵中国热。许多的政治家及资本家，都滔滔不绝地谈论着这块中国大饼将带来的巨额利润。在他们的想象中，似乎每个中国人只要衣服加长一寸，或是买顶英国制的棉织睡帽，那英国的工厂便会忙得不可开交而赚进大把的钞票了。但是当英国商品进入中国之后，统计出的数据便敲碎了这个美丽的梦境。由于彼此之间国情的差异太大，英国引以为豪的纺织品在中国根本就卖不出去，甚至还有人运了成箱成件的钢制刀叉，或是一台台的钢琴来到大清国，盼望着这个大市场中只要有一小部分人，哪怕是每个城市只要有一户富豪人家购买，也都可以因此而赚到大钱。但由于中国人对这些东西完全没有兴趣，使得整体销售结果奇惨无比，最后英国人也只能在亏了大钱之后，含泪将这些东西给运回去。由于洋货在中国市场难以脱手，而英国对茶叶的需求量又很高，使得他们只能不断地运来大批银子向中国买茶叶。到底要到何处找来这么多银子向中国买货，或者要找到一项什么商品可以让中国人接受以平衡账目，已经成为目前英国政府及商人最伤脑筋的问题。

81

年度热搜榜

英舰觊觎澳门　粤督责令驶离

自从明代嘉靖年间便已经取得澳门居住权的葡萄牙人，不久前向广东地方政府汇报，说在附近的伶仃洋（广东珠江口）海面有英国籍的战船停泊，而且英国人还打算登岸并租借房舍居住。由于葡萄牙人认为一旦英国人在澳门长期居住，将可能会对葡国的经济利益造成影响，而且也可能会故意滋生事端，然后逐步侵吞葡人的地盘，所以便请求大清官方能出面保护。两广总督吉庆在闻讯之后，业已迅速派人要求英国船舰立即驶离，并不许英国人登岸。

山东四百多名考生集体罢考

不久前在山东省的金乡县，竟然发生四百余名童生（尚未取得生员资格的知识分子，与年龄无关）集体拒考府试（县试之后的考试，通过之后才能再参加院试以取得生员身份）的事件。据了解，事情的起因是有两名应试者被其他考生发现他们的曾祖父担任过皂隶（衙门中的差役），而依相关规定，被视为贱籍的皂隶及其子孙是不能参加科举考试的。这次却不知是承办单位未加详查还是收了贿赂，才会引发这起全县四百余名考生都以拒考来抗议的事件。据最新的消息，清廷已下令将知州（地方行政长官）、知县、教谕（低级官员）、训导（低级官员）等官员全都革职查办，并同意所有拒考的考生另行补考。

【专题报道】衙门差役

衙门差役指的就是那些在地方衙门中当差的人，一般来说可分为皂隶、快班、杂役等，依衙门等级的不同，人数也会有所不同。其中皂隶负责站堂、刑仗、粮差等公役；快班则负责捕拿罪犯或缉捕强盗土匪；杂役则包含了验尸的仵作、茶房、轿夫等。这些衙门差役虽然由官方提供免费工食，并领取每个月微薄的薪资，但在身份上却等同于贱民[①]，其本身与子孙是不准参加科举考试的。这些人虽然是地方衙门不可或缺的手脚，但却因为出身复杂，所以也常有耍赖索贿的不法行为发生。

捕快、皂隶等人虽然在衙门内当差，但身份却仍等同贱民，自己和子孙都不能参加科举考试

[①] 明代永年皇帝将拥护建文帝的官员的子女及部分百姓等罚为贱籍，成为贱民，雍正继位后颁布法令予以废除。

年度热搜榜

【嘉庆八年】公元一八〇三年

惊险万分　皇帝紫禁城遇刺

　　今年闰二月间，京城居然发生一起刺客行刺皇帝的意外事件。但所幸凶嫌并未得手，目前全案已交由司法机关侦查。自明代万历年间有人持木棍闯进太子朱常洛（明光宗）居住的慈庆宫并击伤守门太监的"梃击案"后，北京城内就没有再出现过类似的事件。而这次刺客特别选在颙琰外出回宫时在神武门犯案，则显然是事先经过周密的计划。据特侦小组发布的新闻稿，行凶者为现年五十岁的陈德，原本一直与人为奴，以做临时工或为官府服役为生，后来因为妻子病故，家中又还有老小要照顾而心生郁闷，便染上了酗酒的恶习，弄得连帮人家做厨役的工作也丢了。生活困顿不堪，几乎已经走投无路的陈德，梦到自己将在新的朝廷中大展宏图，便去庙里求了签，结果一连五次都抽中好签。又因他之前曾在内务府打过杂役，经常出入宫中，对紫禁城可说是熟门熟路，所以才会兴起行刺皇帝的念头。当天，他等嘉庆帝乘轿一进神武门便猛然冲出，手持小刀直扑过去。那时由于事发突然，所有的禁卫军竟然全都傻在那里没有任何反应。只有御前大臣定亲王绵恩，固伦额驸亲王拉旺多尔济，御前侍卫扎克塔尔、珠尔杭阿，乾清门侍卫丹巴多尔济、桑吉斯塔尔等人上前拼死护驾，并将之擒获。最后陈德被凌迟处死，其子则处以绞刑，除了护驾有功的几个人外，其余负责守卫宫禁的官员及护军全都受到严厉的惩处。

军事行动进入尾声　被裁兵士竟投敌营

因为被裁掉的官军投入了起义军的行列，使得清军统帅额勒登保的凯旋计划只好暂缓

由于近来各地起义军的势力都已相继被扑灭，到今年七月时只剩下为数不过几百人的起义军在各处零星活动，于是清军统帅额勒登保便大量裁减乡勇民兵，准备解除紧急状态，让一切回到正常的秩序中。但那些被裁减的乡勇，原本就是一些无家可归的流民，他们在被解散之后无处可去，结果反而投入了起义军的行列。更麻烦的是，这批人都身经百战，还对官军的号令及指挥系统十分清楚，所以让已经快要熄灭的反抗之火，一时之间又重新燃烧了起来，并在对战中再次造成政府军不小的损伤。看来，额勒登保胜利回京的行程，可能得再缓一缓了。

年度热搜榜

白莲起义全部平定　　兵力耗损国库近空

怎么才过没几年，你就把我们三代存的钱都花光了。

我也不想啊……

历时九年征剿白莲教的军事行动，几乎把康熙、雍正、乾隆三朝国库所累积的巨额库存消耗殆尽

原本已经想大奏凯歌的官军统帅额勒登保，眼见起义军又有绝地重生的迹象，只好再次出马，铆足了力气扫荡各地的起义军。最后在九月时，将白莲教引发的起义全数平定。分析家指出，起义军之所以失败，首先是因为没有建立统一的领导中心，各股势力胡打乱闯，无法集中力量给予政府军致命的打击，最后反被各个击破。其次是没有建立长期的根据地，虽然流动作战发挥了行踪飘忽的长处，但在官军实施坚壁清野、筑寨自保之后，可活动的空间及物资的补给都受到严重压缩，因而陷于被动的局面，终至被一一剿灭。初步估计，这场历时九年、席卷四川、陕西、湖北、河南、甘肃五省的起义，总共造成二十余名一、二品大员，以及四百多名中级军官阵亡，耗费的饷银更是超过二亿两白银，康乾盛世所累积的国库存银几乎已经消耗殆尽。但随军记者也发现，在征剿过程之中，官军将领挥霍无度，虽然身处深山荒麓之中，每餐仍是摆上三四十盘的蟹鱼珍馐，看戏听曲给起小费来也是毫不手软。而军营之中赌博、买卖、贿赂、酗酒等情形，更是夸张得令人不敢想象。大清国正规部队的腐败，已经显露无遗，未来要再有战事，恐怕只能靠地方招募的团练民兵了。

【国际要闻】拿破仑成为法国皇帝

据驻欧洲记者传回的消息，法国已经在日前经由公民投票通过宪法，将原来的共和国体制改为帝国，并以拿破仑·波拿巴为皇帝。资料显示，在法国大革命开始之时（一七八九年），拿破仑还只是个籍籍无名的军官，但却在几年后因率领炮兵击退英国舰队，而在二十四岁那年被法国政府任命为准将。随后他又领军先后两次击败反法同盟，并挥军进入意大利半岛。嘉庆四年（一七九九年）时，拿破仑策划并发动了所谓的"雾月政变"，成为法兰西共和国的第一执政。他推动多项改革，并颁行了被法律界视为典范的《法国民法典》（又称《拿破仑法典》）。声势扶摇直上的拿破仑，不久后又通过修改宪法成为终身执政者，最后终于以自己的名字为称号，当上了法兰西的皇帝，称为"拿破仑一世"。

在短短的几年间，拿破仑便从一个小小的军官，爬上了皇帝之位

嗯，还是高一点风景比较好……

皇帝
终身执政
第一执政
准将
炮兵军官

湘西出现起义　官兵受袭溃败

白莲教的行动虽然已被完全压制，但湘西的苗族人民却又因为不堪忍受苛政，而再一次起事。为此，凤凰县还特别出动了三千多名的官军前来平定起义。只不过官军还没有接触起义军的主力，便在半夜遭到苗民的突袭。在夹杂着长啸之声的黑夜中，堂堂的大清官军只能四散奔逃，营寨陷入一片慌乱。最后是因为当时降下了大雨雪，把苗民起义军的火药都打湿了，官军的残部才得以摸黑逃脱。此起彼伏的民变，以及几乎探底的国库，已经让政府高层焦头烂额、捶胸顿足了。

皇宫再传歹徒持械闯入事件

前年（一八〇三年）歹徒闯入紫禁城企图行刺皇帝的事件还记忆犹新，日前再度有人持械直闯皇宫。据了解，二月二十日中午，有一可疑男子手持铁枪从北上门外闯进皇宫，并朝神武门通道奔入。值班的护军卫队发现之后上前拦截，在搏斗的过程中造成三名官兵受伤，而该男子则是被当场击毙。事后调查发现，该名嫌犯身份已确认为直隶藁城的农民，不过其犯案动机不明。虽然经查并无其他共犯，但其家属还是全数遭到连坐处分。而政府也通谕地方乡里民人，再次重申严禁演习棍棒拳术的命令。

大海盗蔡牵登陆台湾
镇海威武王凿船围城

横行闽浙近洋的海盗蔡牵，无法满足于漂泊海上的劫掠生活，决定以台湾为其战略目标，来一圆地方霸主的梦想。他在率领一百余艘战舰攻入凤山之后，开坛祭告天地，自称为"镇海威武王"。在与当地的反政府势力结合，迅速扩大部队力量之后，已于年底攻占了鹿耳门港，并凿沉多艘船只，用来堵住海口以拒大清水师靠近。根据最新的消息，目前台湾府城已受到严重的威胁，随时有被蔡牵拿下的可能。

广东各县私设黑牢　衙役滥权押人牟利

近年来，广东地区不但讼案数量一直远高于其他省份，连羁押待审的嫌犯人数，都已经超过了各州县牢狱所能负荷的极限，使得许多的地方官员还要另行私设多处的看守所来容纳这些嫌犯。令人担心的是，这些被关押在私设黑牢中的人，绝大部分都是差役们四处恐吓讹诈的受害者。衙门里的差役，时常打着查案的名义骚扰良民，若是不肯花钱消灾，便会在未经任何审查的情况下，立刻被拖入这些黑牢之中无故关

押。在地方官员的放任之下，不但已经有许多人惨死在环境相当恶劣的黑牢之中，甚至还有差役强迫被押妇女卖淫取利的夸张行径。这些状况在两广总督那彦成、广东巡抚百龄向上奏报之后，清廷将情况最为严重的南海、番禺两知县革职并发往伊犁，同时也对前任的督抚等官员予以议处。

88

年度热搜榜

── 清军水师大举进剿　蔡牵趁隙侥幸脱困 ──

　　清廷在得到海盗蔡牵进犯台湾的讯息之后，急命浙江提督李长庚率领水军前往追剿。当官军来到鹿耳门之后，发现海口已经被沉船堵塞，便将大军分成南北二路暂停外海堵截，再另外派出五十艘小船绕入安平，将屯驻于该处的海盗营寨及船舰放火烧毁。蔡牵在与登陆的特遣官军激烈对战之后，随即搭上大型战船驶近鹿耳门，隔着沉船障碍与大清水师相互开火。在遭受南北夹击的情况下，原本已经渐居劣势的海盗部队，又抓紧了大潮将沉船卷走

可恶！本来抓到了……

滑溜

原本已陷入重围的蔡牵最后乘机脱逃

之时，找到空隙迅速逃入外海。水师部队在尾随追击之后，虽然擒获二百余名海盗并击毁多艘贼船，但仍让蔡牵消失在无边的大洋之中。事后，清廷以追缉不力的罪名拔去李长庚的花翎顶戴，同时发布通告，赏金两千两白银缉捕蔡牵。

■ 新兵粮饷被扣　陕西部队哗变

　　今年七月，洋县地方因新兵的军饷被无端克扣而引起哗变，不服指挥的兵士们拿起武器抗争，不但砸毁了县衙，还在混乱之中杀死知县。不过在官军优势武力的介入之下，这次骚动很快便被平定了下来，大部分参与哗变的士兵都选择弃械投降。事后，除了少数领头者外，其余的二百多名降兵，都被调到新疆去继续服役，但从此以后将永远不得轮调回内地。而陕西提督杨芳由于管理失当，则被处以革职并发遣新疆。

起义平息　国穷力疲

　　自嘉庆帝颙琰继位以来，便一直持续的贵州、湖南、四川三省苗民起义，终于在今年年底被政府军完全平定下去，使得西南一带逐渐趋于平静。根据政府的初步估计，耗费在这项军事行动上的经费支出高达七百万两白银之多，而在人员方面则折损了二百多位文武官员，前前后后总计投入了十万人以上的兵力。自嘉庆亲政以来，接连不断的平定起义，已经耗尽大清国的所有精力，不但国家财政几乎被拖垮，连主力作战部队也所剩无几。

年度热搜榜

奋全力追剿海盗　李长庚海上阵亡

海盗蔡牵在脱离官军的围剿之后，率领船队遁入了广东海面。大清水师虽然在皇帝的严责之下加紧缉捕，但在几次的接触之后都未能有重大的斩获。一直到年底时，浙江提督李长庚终于堵住了蔡牵的舰队并展开围击。在官军的轮番炮轰之下，蔡牵的海盗舰队被打得只剩三艘，连蔡牵的座船都受到极为严重的损伤。但就在水师战船已经钩住蔡牵座船的后艄，准备上船拿人的时候，忽然间却狂风大作、浪涛汹涌。而水师部队的炮火竟因晃动过于剧烈而连续误击友军，于是蔡牵又趁着一阵慌乱之际挣脱逃去，李长庚见状立即率舰奋勇追捕。但此时蔡牵船上所发射的炮弹，却不偏不倚击中李长庚头部，适时阻断了官军的追击。不久后李长庚便因伤重不治而死，蔡牵则是再一次蒙得幸运之神的眷顾，往外洋逃逸而去。

呵呵……这可比游乐园的海盗船刺激多了。

哇……

原本官军已经钩住蔡牵座船，但却因为风浪突然增大而使其再度逃脱

不服管教　陕西哗变兵难逃一死

去年因被克扣粮饷而哗变的二百余名陕西士兵，在被安置到新疆之后，再度发生抱怨及不服管教的情形。由于这批人已经不是初犯，为了避免其他官兵有样学样，清廷于日前下令将其全部处死。

年度热搜榜

【嘉庆十三年】公元一八〇八年

一辈子都在考　八五老者终于上榜

今年会试上榜的新科进士中，居然有一位已经是八十五岁高龄的白发苍苍的老爷爷。不过听说在面见皇帝时，这位老者还算是精力充沛，应答得体，所以颙琰特别传谕，特例免其以庶吉士（翰林院之见习生）的身份在馆学习，而直接授予翰林院检讨（负责文书校注的官员）的职务。同时，嘉庆帝还做出裁示，表示今后再有八十岁以上的进士，则一律按照此例办理。

爷爷加油！

教授，请问考场怎么走？

不知道耶……我也是考生。

英舰欲占澳门　大清态度强硬

一直以来，英国人早有从葡萄牙人手中夺取澳门作为大本营的打算，无奈之前几次的试探行动都没有什么实际成果。但今年，英国的印度总督看准了法国海军惨败，而葡萄牙本土又被占领的绝佳时机，便派遣了海军少将度路利率领由十三艘兵舰组成的舰队直抵澳门海面。度路利以帮助葡人防范法军来袭为借口，不顾葡萄牙的反对在澳门强行登陆。而两广总督吴熊光在收到葡人的求援后，只是派员向英国人好言晓谕而未出兵制止。英国人不但不退出澳门，还将兵船开到了广州城外，请求面见两广总督准其于澳门居住。嘉庆帝在闻讯之后十分生气，便传谕要英国人立即退出澳门，否则便要派军队予以驱离，同时也命吴熊光调兵进入黄埔、澳门协防。度路利见大清态度强硬，又考虑到此次占领澳门的行动并未得到英国政府授权，而欧洲方面的战事又尚未结束，深恐双方一旦开火又无法在短时间之内取胜，到时将因得不到英国政府的支持而惹上麻烦，于是只好黯然率领兵船退出澳门。在这次事件之后，两广总督、广东巡抚、广州将军等人则全都被清廷革职查办。

追查弊案却自杀身亡　李毓昌命案疑点重重

之前因为山阳地区遭灾，受命前往地方政府查核赈灾银发放情况的官员李毓昌，于不久前被人发现陈尸于馆舍之中。由于案发时间相当敏感，李毓昌是否因追查弊案而惹祸上身，已经引起各界的关注。不过经过山阳县衙门及淮安府衙门的勘验之后，已由官方发布正式消息，证实李毓昌乃是自缢身亡，并无任何他杀的嫌疑。虽然本案已经宣布侦结，但其中的诸多疑点在官方报告中却都未能做出清楚的解释。在究竟李毓昌是否因为承受过大的压力才会寻短见，以及他在生前是否曾经追查出有人借着放赈贪赃等种种疑点尚未完全澄清以前，官府便以超乎寻常的效率宣布结案，这样的做法实在是令人无法信服。据了解，李毓昌的家人对此结果也无法接受，正在通过各种渠道及方法，促使政府对此案重启调查，还给家属一个公道。

你对这案件有什么看法？

嗯嗯……我想答案已经呼之欲出了……

已被官方宣布为自杀身亡的李毓昌案仍是疑点重重

年度热搜榜

【嘉庆十四年】公元一八〇九年

两广总督百龄打不赢张保仔集团，只好暂时以现金和物资加以安抚

官兵打不赢海盗　还要缴交保护费

由于东南沿海近年来海盗猖獗，不断骚扰往来贸易的船只，造成政府很大的困扰。于是新上任的两广总督百龄，便亲率二十六艘水师兵舰出海围剿张保仔海盗集团。但张保仔不但拥有数量庞大的船舰，就连从洋船上掳来的火炮都比政府军要先进许多，所以双方一经接触，大清水师便被猛烈的火力打得落荒而逃。

百龄不得已之下，只好答应张保仔所提出的要求，以大笔的现金和供应品来暂时安抚海盗集团。不过由于海盗的四处劫掠已经造成英国贸易船队的巨大损失，所以听说英国东印度公司派驻广州地区的高级主管，已经私下拜会两广总督百龄，并提出商议由中、英、葡三方联合剿灭海盗之可能性。

李毓昌案沉冤昭雪　县令贪污杀人灭口

去年轰动一时的李毓昌命案，结果竟然出现大逆转，在经过高层的复查之后，终于证实李毓昌是被人下毒而死，而幕后的教唆者竟然就是山阳县令王伸汉。在之前地方官府以自杀结案之后，完全无法接受的李毓昌家人，在其遗物中发现有关于山阳冒赈并欲以重金封其口的禀帖残稿，于是便要求开棺验尸。棺盖才一打开，就很清楚地看见其尸体全身青黑，明显是被人下毒而死。于是李毓昌的叔父便火速赶赴京城，向都察院提出申诉。在嘉庆帝下令重启调查后，才终于将真相公之于世。原来是山阳县令王伸汉借着赈灾的机会假造名册，冒领了二万三千余两赈灾银，而在李毓昌已经掌握所有实证之后，王伸汉为免东窗事发，便企图以重金行贿封口。在同行的查赈官员都受贿之后，唯独行事正直的李毓昌不愿接受，坚持要向上告发此事。所以王伸汉便买通了李毓昌的三个仆从，在茶汤之中放入砒霜，等到李毓昌半夜因毒发而腹痛不止时，再用腰带将其勒死。

事后，王伸汉又以两千两银子贿赂淮安知府王毂，在验尸的时候做了手脚企图以自杀结案来掩饰真相。最后嘉庆帝亲自批示，将知府王毂、县令王伸汉及行凶随从等人全部处死，两江总督铁保、江苏巡抚汪日章被革职流放，其他涉案的官吏与当时曾受贿的九名查赈大员亦全数受到严惩。李毓昌则获得追赠知府衔，及御赐"悯忠诗"并修建牌楼一座以为褒扬。

李毓昌在开棺之后被发现全身青黑，显然是被人下毒而死

水师决战扳回颜面　蔡牵自炸命丧大洋

之前连续几次被海盗打得灰头土脸的两广总督百龄，在清廷的责备及压力下，重整旗鼓发起了另一波的围剿行动，准备与海盗一决胜负。这次百龄所指挥的部队，除了他辖下的两广水师外，还有两江总督旗下的水师战舰，阵容可说是非常强大。而前一战已耗损了许多兵力的张保仔集团，知道单凭自己目前的力量无法再与官军抗衡，于是便号召了附近的海盗也组成联合舰队来与百龄对抗。只是这些海盗都心怀鬼胎，各有各的打算。就在两军交火的最紧要关头，其中一支海盗集团竟然阵前倒戈，反过来炮轰张保仔的船舰，然后投靠到官军那一边去了。被出卖的张保仔只好率领残余舰队突围遁走。而在闽海之外，另一个海盗蔡牵，则是因为被大清水师所围剿，在打到炮弹全数用尽，连银圆都装到炮管里面当银弹来用之后，因无法逃脱而自炸座船，与妻小及二百多名部众沉海而死，剩余的四千名海盗则弃械投降。

海盗蔡牵虽然在弹尽时把银圆也拿来当炮弹发射，但最后仍然命丧大洋之中

漕粮海运停止试办　内幕涉及利益输送

因负责输送漕粮的河道淤积情况一年比一年严重，而每年花费在整治河道上的数百万两白银，更造成政府财政上极大的负担。颙琰为了节省经费，原本已经有将漕粮改为由海路运送的打算，并要相关单位都对此提出看法，但后来许多官员又以海运容易发霉等为由，表示漕粮还是要以运河来输送比较适当。嘉庆帝在看过诸位大臣的意见之后，宣布停止试办海运漕粮之法，一切仍然照旧进行。对此，分析家表示，从经济方

治河工程款的发放经过层层剥削最后只剩十分之一

面来看，由海路运输漕粮绝对要比河运更具效益，不但时程可以缩短，所需的经费也可以大幅节省。那些反对的官员所提出来的理由，都是些毫无根据的说法，为的只是让政府能够继续拨出巨额经费来整治河道。据统计，自嘉庆八年（一八〇三年）至今，光是用于治河的工程款，就已经高达五千万两白银之多。不过，这笔钱实际上用于工程的款项恐怕不到十分之一，而其他的钱则都被官员、包商等以各种名目所侵吞。也难怪官员们费尽心力口舌，就是要阻止这块饼变小，毕竟自己的口袋要比国库重要多了。

海盗投诚　张保仔接受政府招安

之前横行广东海面的张保仔集团，在得知另一个大海盗蔡牵已被官军消灭之后，自知势单力孤，无力再与整个国家的水师部队继续对抗，便透过相关渠道积极与两广总督百龄接触。在经过几次交涉谈判之后，张保仔最后决定接受政府的招安，带着一万七千余名海盗及诸多船舰集体投诚。张保仔随后

也在百龄的保奏之下获颁千总（军事指挥官）的官衔，并继续统领这支曾令官军闻风丧胆的舰队，同时还获得每个月大量的补助金。而大清国的水师部队，则因张保仔的加入，一下子增加了一万七千人、二百多艘舰艇，以及一千多门火炮。

名称已经改了哦……

天理教的天、地、人三皇密谋反清

天理教密谋反清
天地人三皇齐聚

据可靠消息，在直隶、河南、山东等地暗中活动的八卦教分支组织，已于日前密谋，准备发动反政府的武装暴动。情报显示，八卦教的坎卦首脑林清，在与各卦领袖会面之后，已经决定将联合组织的名称改为"天理教"。并共同推举林清为"天皇"，离卦领袖冯克善为"地皇"，震卦领袖李文成为"人皇"，然后由各支派首领分赴各省广收教徒，开始着手准备起事。而所谓的八卦教，原名为"收元教"，是康熙初年所兴起的教派。以"内安九宫，外立八卦"的组织形式收徒设教，将教徒依乾、坤、震、巽、坎、离、艮、兑卦分成八个组织，再加上由教主亲领的中央宫合称为九宫。八卦教一开始并没有明显的政治色彩，主要目的只在于传教敛财。后来因为势力越来越庞大，在遭到严厉镇压之后才逐渐转型为反政府的地下教派，乾隆年间在山东起事的"清水教"王伦，就是隶属于八卦教的系统。

【 灾情特报 】

四川打箭炉地区于八月十日发生地震，造成房屋倒塌严重。据官方的统计已有四百八十多人罹难，政府已经展开进一步的救援行动，希望能将人员伤亡及财产损失降到最低程度。

■ 全国欠税两千万两 民穷官贪拖垮财政

据户部所提交的报告，由于各省欠税的情形十分严重，目前全国所积欠未交的税款总数，已经达到白银一千九百万两之多。近年来由于人口越来越多，加上连年的动乱，已使得百姓所能负担的经济压力几乎到达极限，造成许多人无法如期缴纳赋税。但是评论家也指出，人民无力缴纳固然是欠税的原因之一，但其实这里面有一部分的欠款，根本就是官员把百姓缴的税款私自挪用以填补自己在公库上的亏空，然后再捏造各种理由欺上瞒下，说成是百姓们拖延欠税。而令人生气的是，就算所有人都看破了贪官们的这种手段，政府高层还是对此浑然不觉。

皇室猎场遭盗伐 山老鼠行径嚣张

今年嘉庆皇帝于木兰围场行围期间，竟传出有满洲旗人伙同盗贼偷伐围场林木的事件。官兵在发现这批"山老鼠"的行踪之后，立刻展开围捕，混乱之中多名嫌犯逃逸，八名来不及逃走的则被当场逮捕，同时也查扣了二十三辆犯案用的车子。不过到了半夜，事情又出现大转折，谁也没有想到大胆的盗贼竟然敢向官兵发动突击，硬是将被捕的同党及赃物给夺了回去。由于这起事件已经令官军丢尽了颜面，所以政府高层已经责令相关单位尽速追拿犯案的盗匪，务必在最短的时间之内将之缉捕归案。

【国际要闻】拿破仑征俄惨败

在欧洲累积无数胜绩，令敌人闻风丧胆的法国皇帝拿破仑因为和俄国关系交恶，所以便秘密调集了数十万大军前往中欧地区，准备向俄国发起战争。但法军的频繁调度也引起了俄国方面的注意，沙皇亚历山大一世也开始研拟应付的方案。果然，今年夏天，拿破仑便亲率六十几万大军向俄国本土进攻，而俄国方面自知军队的训练及装备都远不如法国，所以决定采取焦土战略，要让深入国境的法军无法得到任何补给。在俄国广大的国土纵深及人海战术之下，法军虽然一路前进，但也付出了惨痛的代价。加上法军无法就地获得粮食，军中又暴发了传染病，使得战力陡降的法军在拿下莫斯科之后，反而遭到俄军的包围。更不幸的是，随着零下数十度的严冬到来，大批只穿着夏天制服的法军死于饥寒交迫之中。遭到全面逆转的拿破仑，面对日渐严峻的情势，也只好在俄军的尾随追击之下狼狈撤退。据统计，当初进入俄国的六十几万大军，最后回到法国的竟然只剩下两万人，而经此重大挫败的拿破仑，也将承受国内外更大的政治压力。

年度热搜榜

【嘉庆十八年】公元一八一三年

事机外泄人皇被捕　天理教众劫狱起事

近年来不断对外吸收教众，势力可说是急速扩张的天理教，在准备正式举旗造反的前几天，却因为事机不慎外泄，导致在滑县筹划行动的"人皇"李文成遭到官军的逮捕。按照天理教原本的规划，是要在九月十五日那天，以"奉天开道"为明号，"得胜"为暗号，兵分三路同时起事。其中由"人皇"李文成据河南、"地皇"冯克善夺山东，"天皇"林清则在李文成派出一千名援军的协助下占领紫禁城。然后于半个月之内，李、冯二人再率兵会师直隶，一举夺下京师。在一切成事之后，再交由"人皇"李文成统治天下，林清、冯克善为文武圣人，共同辅佐朝政。只不过这一切的计划，却因李文成被捕而全部被打乱了。面对突如其来的剧变，冯克善只好当机立断，在出事后的两天便决定提前行动，率领着武装起义军打下了滑县，不但将知县杀死，还把先前已被拘禁的李文成救了出来，目前正与来援的政府军继续对抗。

二百壮士指挥若定　天理教突袭紫禁城　二阿哥枪法超神准

不知道滑县方面已经出事的天理教"天皇"林清，按照预定的时间表，于九月十五日当天在入教太监的带领之下，率领着两百余名武装教徒分为两路，向西华门及东华门发动闪电袭击。由于事出突然，禁军卫队来不及反应，所以一些天理教徒便攻入紫禁城内，而宫中也只好紧急让太监们手持棍棒做顽强的抵抗，以尽量拖延时间。这时正在上书房读书的二阿哥绵宁一接到通报，马上令人取来鸟枪，并下令调动禁军入内围剿。等到绵宁奔到养心殿阶下时，部分的天理教徒已经杀到隆宗门附近，并有人企图翻墙进入皇宫之中。于是绵宁毫不迟疑连开两枪，将已经爬上屋顶的两个教徒给轰了下来，

帅吧！叫我鸟枪王子……

二阿哥绵宁临危不乱，顺利击退教徒

随后大批禁军抵达，开始对起义军展开扫荡。天理教方面因滑县战事尚未平息，未能依约抽调一千名兵士前来助战，所以势单力孤的林清，只能在激战到深夜之后退出城去，紫禁城被攻陷的重大危机也因此得以解除。

天理教暴动事件中，陕甘总督那彦成与二阿哥绵宁，都因为立下大功而受到嘉庆皇帝的嘉勉

起义军坐困滑城　两万人全遭剿灭

　　刚结束了木兰围猎，于热河返京途中的颙琰，在收到暴徒突破紫禁城的急报之后，已经下令严加缉拿各地的天理教教徒。而就在案发两天后，一度攻入皇城的林清，便在京城南边的大兴被捕处死。而受命追剿起义军的陕甘总督那彦成，在调来直隶、河南、山东三省的军队与天理教军激战之后，终于在十一月时将李文成逼上自焚之路。到了年底，政府军暗掘地道，然后以火药炸垮城墙，从塌陷处涌入城中，与起义军进行激烈巷战。在经过三天三夜的肉搏血斗之后，政府军最后拿下滑县，两万多名天理教徒全数被歼，冯克善等人被俘，预计会于明年初由嘉庆帝亲审，一般认为应难逃凌迟之刑。这次行动获得首功的那彦成，预计也将被加官晋爵并改授直隶总督。而之前紫禁城保卫战表现出色的二阿哥绵宁，则被封为和硕智亲王（第一等爵位），连他拿的那支鸟枪也被御赐了"威烈"的名号。分析家表示，关于此次天理教的行动，如果当时起义军在滑县取得首胜之后，不是选择固守城池而是举兵向外发展的话，可能就不会被官军以优势兵力围歼于城中。而最初以区区二百名兵士进攻皇宫之决定，由于过于冒险，最终也证明是一项失败的战略，但实际上却给了清廷一记沉重的打击。

死命保护

老板，你冰箱里还有那么多食物，先借点给我们吃吧，弟兄们快饿死了……

不！不……你误会了，这里面的东西都是最新的黑心油做的，不能吃啦……

饥饿的伐木工人因借粮不成，在万五的带领下动手抢夺，结果最后演变成反政府的暴动

饿死？造反？
二选一　木工联盟岐山起事

清廷才刚平定了天理教之乱，岐山三才峡地区便又传出木箱工人武装暴动的消息。由于岐山尽是茂密的原始森林，许多无地可耕或生活无以为继的百姓，便纷纷流入此地垦荒。于是便有不少商人在此开设"木箱"，也就是伐木工厂，利用这里丰富的天然资源以及充足的廉价劳工，将砍伐下来的林木锯成木板，然后再运出山外贩售。但今年因为天气因素导致玉米歉收、粮价上涨，而使得一直以玉米当作雇工薪资的木箱老板们获利骤减，甚至纷纷宣布停工，结果当地的木工们也立刻陷入失业缺食的困境。这时，三才峡一名叫作万五的木工工头，只好带着快要饿死的二百多名木工，去向老板借粮。但老板非但不借，反而出言辱骂，而这一骂，便激起了木工们的求生本能。他们面临饿死的威胁，索性以暴力夺取了老板的粮食。只不过在吃饱了之后，他们才发现自己已经犯下重罪，再也没有退路了。于是这些木工在万五的率领之下，开始了流窜各地劫掠地主的新生活，而分散各地的木工们也都前来加入这个队伍。由于目前木工联盟的总人数已经超过了五千人，领导人万五便将队伍分成黄、青、红、绿、白五号，并将各号首领称为元帅，下面还设先锋、总兵等职位，正式举起反政府大旗。

第 三 章

嘉道中衰　虎门销烟

（公元一八一四年～一八三九年）

本章大事件

▶【国际要闻】
拿破仑惨遭滑铁卢
英国成为第一强国

▶ 皇帝六十寿诞
恩泽被及全国

公元一八一五年 | **公元一八一六年** | **公元一八一九年** | **公元一八二〇年**

▶ 三跪九叩又谈不拢
英贸易使团遭驱逐

▶ 嘉庆暴亡避暑山庄
次子旻宁道光续统

▶ 清廷再申宣谕
不准白银流出
严禁鸦片进口

▶ 整饬吏治
气象一新
道光皇帝开出药方
下令停止捐钱纳官

▶ 张格尔试探性侵
扰边境

公元一八二二年 | **公元一八二三年** | **公元一八二四年** | **公元一八二七年**

▶ 东南地区鸦片横流
双枪部队竟占七成

▶ 政府军平定疆乱
张格尔走到尽头

▶ 政策背后另有考量
漕粮海运确定停办

▶ 英商船阿美士德号鬼祟
沿海北上收集战略情报

公元一八二八年 | **公元一八二九年** | **公元一八三二年** | **公元一八三四年**

▶ 政府重申禁用洋银
交易

▶ 惊天一轰
东西首度对决
英舰炮击
虎门炮台被毁

▶ 节俭成性
道光龙袍满是补丁
官员跟风
奢靡外罩清廉破衣

▶ 粤督要求遣去鸦片趸船
义律拖延导致关系紧张

▶ 英政府重申立场
不赞成鸦片走私

公元一八三五年　**公元一八三六年**　**公元一八三七年**　**公元一八三八年**

▶ 许乃济提出弛禁鸦片
获青睐
鸦片商兴高采烈增加
进口量

▶ 鸦片严禁派再度出招
黄爵滋林则徐具折上奏

▶ 林则徐受命钦差
赴广东查禁鸦片

▶ 玩真的！
林则徐包围商馆
英商承诺缴烟

▶ 虎门销烟
大快人心
两万箱鸦片全数销毁
市值近一千二百万两

公元一八三九年

年度热搜榜

【嘉庆十九年】公元一八一四年

官军埋伏义军
木工之战终结

清廷在得知由万五所领导的木工联盟揭竿而起的消息后，立刻从邻近各省将兵马调入陕西平定这次起义。木工联盟虽然已经设立了各级的军事组织，但毕竟这些平时以伐木为生的工人，从来就没有受过正规军事训练，所以一与官军对阵便居于劣势。在一阵激战之后，已经有好几号旗的元帅都力战而死。身边只剩下数百人的木工领袖万五，也被逼退到太白山老林之中。正月中，官军开始集中兵力施压围堵，并故意在包围圈留一缺口，而被逼入绝境的万五便这样落入官军的圈套之中，在率众突围时误中埋

杀！ 杀！ 杀！ 杀！

元帅，官兵已经打过来了，这时候是不是得用《孙子兵法》来应付啊？

我儿子还小，哪有什么孙子啊……现在怎么办……

木工联盟因为没有受过军事训练，很快便败在官兵手中

伏，身受重伤后被俘而死。不久，流窜各地的木工军残部，也都先后被官军歼灭。

【国际要闻】法皇退位　放逐小岛

曾经如旋风般席卷整个欧洲的法国皇帝拿破仑，在进攻俄国失利之后终于遭到各国反噬，英国、俄国、普鲁士、奥地利等国抓准了时机组成反法同盟，并向法国本土不断进逼，最后终于攻进了巴黎，要求拿破仑必须退位并无条件投降。拿破仑无奈地在枫丹白露宫签下退位诏书之后，被流放到地中海上的厄尔巴岛上，虽然仍被允许保留皇帝的称号，但统治的领土如今却只剩下这一座小小的岛屿。而自从法国大革命之后便一直流亡在外的路易十八，则在反法同盟军的护送之下进入巴黎，以国王的身份恢复了波旁王朝对法国的统治。

年度热搜榜

喝茶成为英国时尚

自康熙朝晚期以来，在英国东印度公司与中国的贸易品项之中，茶叶便已取代了生丝、绢织而成为最重要的商品。而交易量与日俱增的茶业，不但对英国东印度公司的营收有极大的影响，甚至在英国财政收入中也占有举足轻重的地位。据估计，今年东印度公司光是在茶叶一项的获利，就将超过一百万英镑（约白银六百万两），占了其商业总利润的九成以上，同时也提供了英国十分之一的国库收入。自从一百多年前荷兰的冒险家将中国茶叶引进英国之后，茶叶在欧洲便开始流行了起来。东印度公司茶叶的销售量，也从最初的年销五万磅，一直增加到年销超过两千万磅（1磅约合0.45千克）。现在，喝茶可以说已经成为英国的时尚了。

【国际要闻】拿破仑惨遭滑铁卢　英国成为第一强国

去年才签下退位诏书并被流放小岛的拿破仑，不久前又逮到机会，从厄尔巴岛潜返法国。法国国王路易十八得到情报之后，便立刻派出一支部队前去拦截。但令人意外的是，这支部队竟临阵倒戈，反而成了拿破仑的护卫军。路易十八只好又仓皇逃到国外，拿破仑也再次夺得政权，并重新集结了大军。欧洲其他各国为此迅速组成反法同盟与之对抗。年中时，野心不减的拿破仑再度挥军，与反法盟军在滑铁卢进行了复仇之战。但拿破仑并没有得到幸运之神的眷顾，在夺回政权大约一百天之后，他的军团便被英国威灵顿公爵所率领的反法盟军所击败。而拿破仑也再次遭到放逐，只不过这次他得到非洲西海岸之外的圣赫勒拿岛了。在法国惨败之后，拥有排水量超过六十万吨的海军船舰，相当于全球所有国家海军总和的英国，站上了最顶峰，成为当今世界第一强国。

滑铁卢失败后，拿破仑二度遭到流放

年度热搜榜

【嘉庆二十一年】公元一八一六年

> 老婆，惨了……我被皇上开除了。

> 官不是当得好好的吗？怎么会这样？你有没有跪下来求皇上开恩？

> 我跪没有用啊，是那些死洋鬼子不跪才变成这样的。

英国贸易使团因为不肯下跪遭到驱逐，多名负责官员也都受到连带惩处

三跪九叩又谈不拢　英贸易使团遭驱逐

在拿破仑于滑铁卢战役败北之后，英国开始重新审视对大清帝国的贸易问题，于是派阿美士德带领使节团，前来与清廷商讨关于废除公行制度（由保商代理并监督洋人在大清进行贸易的制度）、增开商埠等问题。英国使节团于闰六月抵达天津之后，一开始获得官方的热烈欢迎，政府还特别派工部尚书苏楞额前往亲迎接待。但不久，双方便又因为觐见皇帝时的礼仪问题出现分歧，清方要求阿美士德必须向颙琰行三跪九叩大礼，但阿美士德则是坚持只愿意脱帽三次并鞠躬九次。后来经过理藩院、礼部尚书亲自出面多次协调，阿美士德最终还是只愿以单膝下跪

低头三次，并重复动作三次的方式来觐见皇帝。由于双方在礼仪问题上相持不下，再加上行程安排又出现一些问题，使得承办的官员只好向嘉庆帝谎称英国特使临时生病，以至于未能在安排好的时间觐见。一连串的问题，令颙琰非常不悦。他认为阿美士德实在是过于狂妄且目无圣驾，于是一怒之下，便下令取消觐见，并将英国使节团驱逐出境，同时也惩处了多名负责官员。财经专家认为，因为阿美士德使节团的任务失败，原本想要讨论的贸易问题无法解决，将使得不法的走私活动更为严重。

年度热搜榜

窝泥王云南聚兵
政府军闪电压制

云贵总督（地方行政长官）伯麟不久前提出一份报告，指称临安地区的哈尼族人高罗衣，因为与当地的土司有一些矛盾，加上外地人在当地买卖取利过苛引发纠纷，于是便聚众起事，不但杀了土司，四处劫掠，还自称"窝泥王"，号召了两万余名兵士，公然与政府对抗。不过这股力量来得快去得也快，在不到一个月的时间之内，就被官军悉数剿平，窝泥王也因战败被凌迟处死。

▊ 健忘官员糊涂虫
行事离谱遭革职

山西布政使习振翎因为生性健忘，所以在政治圈中被取了个"习健忘"的外号。据闻他不但接见属员时记不得人家的名字，每一次都需要家丁在旁提示，连禀见巡抚时，也都要一位亲信偷偷站在窗外，把和长官讨论的公事窃听默记下来，等回到办公室之后再誊抄备忘。更荒唐的是，所有的公务他从不自己处理，全听任师爷或家人来主持决断。而这种夸张的行径不久前终于被上级发现，习健忘也被以年老不称职的理由革职解任。只是不知道他隔天起床之后，会不会忘记自己已被炒掉的事实，然后四处寻找那一项已经不存在的官帽。

武举考试冒名严重

原来不止文举考试可以作弊，连武举考试也是弊病丛生。据了解，各地参加武举的考生，冒名顶替的情形可说是十分严重，光是湖北辖下的各州县加起来，不符身份的总数就有好几千人那么多。另外，还有僧人、屠夫、皂役、脚夫等不符报考资格的，也都统统伪造身份证明企图蒙混过关。虽然目前政府相关单位已经开始介入调查，但实际上能收到多大的效果仍是令人生疑。

年度热搜榜

【嘉庆二十三年】公元 一八一八年

官员怠政　积案如山

近年来吏治可说是越来越败坏，各地官员政务废弛，光是山东一省到目前为止所累积未结的案件，就达六千余件之多。地方官员宁可费尽心思想如何巴结升官，也不愿意把时间花在处理这些要耗费心神的民众诉讼以及公共建设的案件上。虽然颙琰已经再三通谕并告诫官员要实心做事，但从各方面的迹象来看，却仍是一点也没有改善。

正税之外层层剥皮　海关贸易的潜规则

总揽洋人在大清进出口买卖的广州，近年来随着贸易数额的增加，海关也不断流出受贿严重的传闻。记者深入调查之后发现，政府怀着天朝大国嘉惠远人的想法，对前来大清进行贸易的洋船所征收的税赋，与西方各国的关税比起来简直是低到不行。以一艘七百吨的大型货船来说，内务府只由海关收取白银五百两左右的正税。但洋商真的享受到了低税额的优惠吗？其实并没有，因为想要让进口的洋货可以顺利地登陆买卖，洋商所必须付出的代价，大概在白银五千两，也就是正税十倍的费用。而这些钱除了海关以各种借口收取的手续费外，更多的部分是行商以各种代收代办的规费为名目，辗转进了官员的口袋之中。通常，货主会在行商的陪同下，先去拜会海关的承办文员与巡岸武弁等第一线的人员，并依行情孝敬规礼、火足、开仓、验仓、押船等各种人员，以便让货物可以顺利通关。但收取贿赂的可不止这些低级官吏，行商还会从所收取的各项规费之中，拿出适当比例的金额，定期贡献给海关监督、巡抚、总督等官员以打点关系。大官们在收了钱之

原来如此

后，自然会在其职权内让这些行商方便行事，或定出一些符合某人利益的决策。而官老爷所收到的这些钱，一部分当然是用来满足自己的豪奢生活，但另一部分则是用来采买各种进献给皇帝的贡品，为自己的将来铺路。也就是说，这个绵密的贿赂网，自皇帝开始，总督、巡抚、海关监督、承办官员、巡防军官，一直到第一线的兵丁及办事员，可以说全都卷入其中。面对这一大群嗷嗷待哺的受贿者，行商只好把压力转嫁到洋商的身上，而洋商只好提高售价，从消费者身上把钱捞回来。

最近越来越多当官的买我们的货，我打算把这一块独立成新的部门，就交给你负责吧。

遵命，我一定会服侍好官老爷们，替公司赚进大把钞票的，请老大放心……

政府各级官员吸食鸦片的情形已经越来越泛滥，甚至严重影响到公务及军队的战力

传胪大典搞乌龙　竟因侍卫吸鸦片

不久前，嘉庆帝于太和殿传胪（皇帝亲自宣布殿试名次的典礼）时，竟然发生因前引侍卫乌凌阿、广喜未按预演路线行走，弄得配乐、唱名全都不对，而打乱了整个典礼的乌龙。为此，颙琰气得革去了和硕定亲王绵恩领侍卫内大臣的职务。事后调查发现，当天之所以会出错，是由于原本被安排担任导引工作的侍卫德麟缺席，临时改由没事先预演过的广喜来代替。颙琰在看到报告之后，痛批德麟这个人根本是卑污下贱之人，还说

他已经有好几次因吸食鸦片而误事的记录，严重玷辱了他的父亲福康安的名声。最后更是传下谕令，革去德麟的贝子爵位及二等侍卫官职，同时重责四十大板、关押在家。不过，德麟倒也不是唯一一个因吸毒而遭到惩处的官员，因为在没几天之后，另一个御前侍卫安成也因吸食鸦片过量精神恍惚，在当差时疏懒迟误而被处以革职。连皇帝身边的侍卫吸食鸦片的情形都这么泛滥，更不用说底下各级机关的官员，以及八旗、绿营的兵士了。

皇帝六十寿诞
恩泽被及全国

今年因适逢嘉庆帝六十岁万寿，政府为了庆祝这个喜庆的日子，不但在年初的时候颁诏进行全国性的大封赏，实施了罪犯的减刑，之后还下令普免了各省积欠未缴的税款。户部表示，这次减免的税银高达二千一百万两，免征的粮食也有四百万石之多，虽然对中央财政来说这是一项沉重的负担，但为了庆祝皇帝寿诞，为了让全国上下都能够蒙受皇帝恩泽，这个政策仍是十分值得的。

政府核准近千万两
治河经费

由于黄河各处决口，四漫的水患对百姓的生命财产造成极大的损害，所以清廷特别核准了一项九百六十万两白银预算的治河工程，希望可以有效地解决这个问题。但由于之前官员借着治河的机会，挪用工程款、虚报账目、胡乱核销的弊案层出不穷，所以嘉庆帝也特别要求负责的官员一定要严禁浮靡，并严行约束所有相关人员，绝对不可以借机牟利肥己。

武状元点名迟到
嘉庆帝下令除名

上半年度文科传胪时才刚出了乌龙，十月下旬于太和殿举行的武殿试传胪，也跟着出了状况。在皇帝亲点唱名时，一甲第一名的武状元与第三名的武探花竟然都未到场，皇上当场脸色一变，便要求相关单位立即弄清楚到底是怎么一回事。后来姗姗来迟的二人，慌张地解释说其实他们怕来不及，所以早在大半夜就出门了。但是因为寓居城西，到西华门之后发现门没有开，又绕了大半圈紫禁城改从东华门进宫，因此才会迟到。不过颙琰并不相信他们的这一套说法，而两人经过重重关卡，好不容易才得到的进士及侍卫资格，也就这样变成泡影了。

我们采访一下排在最前面的先生。请问您是什么时候来排队的呢？

三天前啊。

怎么会那么早呢？

之前我中了武状元，但却因为迟到被废除资格，从此以后我就养成早到的习惯了。

LIVE 埃凤二十六发售首日·又见民众连夜排队

112

年度热搜榜

【嘉庆二十五年】公元一八二〇年

兵部大印凭空消失　　半年期间无人知晓

负有国防军政大责的兵部竟然传出遗失大印的事件，而且还是在弄丢了半年之后才被发现。据了解，兵部的大印有两颗，一颗是专为在皇帝出巡时使用的"行印"，另一颗则是本衙署办公所用的"堂印"。今年三月，兵部发现"行印"无端消失后，经过相关单位长达一两个月的审查，终于查出此印早在去年（一八一九年）八月底往热河途中便已遗失。当时弄丢"行印"的书吏怕事情败露而遭到处罚，便将备用的空印匣加封顶替，然后再交回部库收贮，同时贿赂收印的书吏含混接收，将此空无一物的印匣入库，而负责勘验的官员竟也没有开匣查验检视。一连串的疏失，最后造成多名官员被革职，失职的书吏也被发往边疆为奴去了。

嘉庆暴亡避暑山庄　次子旻宁道光续统

嘉庆皇帝突然死亡，二阿哥绵宁依早就拟好的传位密诏接掌大位

今年夏天，嘉庆帝一如往常启程行围，但七月二十四日才刚抵达热河避暑山庄，二十五日便传出了皇帝驾崩的噩耗。由于事出突然，随行的群臣并未能在当下找到要公布的建储密旨。而是到了第二天，诸位要臣在内室翻箱倒柜之后，才终于找到了传位小金匣。不过因为小金匣被上了锁，而一时之间又找不到钥匙，所以最后只好决定当众将锁拧开。果然里面有嘉庆皇帝的御笔亲书，于是在场所有人都跪下，由军机大臣托津宣读"嘉庆四年四月初十日卯初立皇二子绵宁为皇太子"，才确定了继位的人选。绵宁奉梓宫（先帝棺椁）还京之后，于八月二十七日在太和殿即皇帝位，以明年为"道光"元年，并依乾隆皇帝生前的指示改名为"旻宁"（清宣宗），以避免臣民避讳时之困扰。至于颙琰的死因，因为实在是过于突然，所以目前各种传闻都已经传了开来，甚至还有许多人相信嘉庆帝是被落雷劈死的。不过由于在前往避暑山庄的途中，颙琰就已经有了中暑的现象，所以医学专家认为极有可能是中暑导致的热衰竭，让年事已高的皇帝承受不住，而激发了心脑血管疾病所致。

年度热搜榜

起义迅速剿平　清廷处理善后

　　不久前永北、大姚的少数民族聚数千人之众，在邻近的地区焚劫滋扰。政府也随即调动了八千余名官军，外加四千名当地百姓组成的民兵前往围剿，在历经几个月的作战之后，才总算将此动乱平定下来。事后，经过调查发现这次动乱的起因，主要是由于外地人进入这些较晚开发的地区之后，开始与当地的少数民族有了一些经济上的往来。因为外地人在买卖放贷上的一些操作，使得许多当地人最后都把土地典押给了外地人，造成当地百姓无田可耕，他们为了解决生活的窘境，才聚众劫掠，造成这么大的乱事。旻宁于是下令对此情况做一妥善之处理，规定土司必须将历年来当地人典卖抵押之土地清楚造册，并向上级呈报，然后由官府派员一同勘查，并订立一个合理的取赎期限。要是超过时间他们仍不能将地赎回，该地便归持有债权的外地人所有，然后另行编入纳粮清册之中统一管理。而为了维护当地人的生计，同时也下令严禁外地人进入该地区的山林之中，从事砍伐或拓垦的工作。

霍乱疫情强袭京城

　　今年夏秋之际，京城内外暴发了严重的霍乱疫情，目前为止已有许多人被夺去生命。由于其中有许多贫民是因为患病时没有钱就医买药而延误了病情，所以清廷已令相关单位在城中开设多个据点，免费替病患看诊施药。同时政府也出面将病死者的尸体加以掩埋，以免疫情范围扩大。

京城内外暴发严重的霍乱，相关单位在城中开设多个据点，免费替病患看诊施药

FREE +

115

清廷再申宣谕 不准白银流出　严禁鸦片进口

虽然之前政府就定有要求行商与洋人只能以货物转贸，而不准用银两直接交易的规定，但近年来民间有越来越喜欢使用西洋银圆的趋势，使得行商纷纷在私底下以白银向外国人收买洋元，而导致白银不断流出。同时，随着鸦片走私情形的日益泛滥，大批的白银也跟着洋船被运往外国去了。而白银的严重外流，已经对国内的经济造成极大的不良影响，铜钱与银两之间的兑换汇率失调，国内市场的交易成本随之升高，金融秩序混乱等问题也都开始浮现出来。为了解决此问题，道光帝旻宁已传谕两广总督、广东巡抚、粤海关监督，要严加查禁以防白银继续流出，并加强防堵鸦片走私进口。但财经专家表示，由于政府部门行政效率的低下与索贿贪渎的情形十分严重，这种口号式的政策改革，恐怕难以收到具体的成效，只会再次出现皇帝在上面喊得很用力，而下面官员一动也不动的情况吧。

水快流光了啦……怎么办？

喷！

白银外流的问题已经日趋严重

整饬吏治　气象一新
道光皇帝开出药方　下令停止捐钱纳官

百年前由雍正皇帝胤禛参考了中国历代的方法而划定的捐纳体制，目前已在旻宁的一纸命令之下废除，自此以后政府将不再提供捐钱买官的管道。目前道员（地方行政长官）的行情价为一万三千一百二十两白银，知府为一万零六百四十两白银，郎中（中级官员）为七千六百八十两白银，而三千七百两则只够买个知县。这个制度实施到今，确实让政府进了一些银子，但排队等着当官的人却也越来越多了。其实雍正原本的用意是想要借着授职给这些有钱人，让他们来牵制那些以科举正途出身的官员，以杜绝门派串联、徇私结党的现象。但这些捐官在花了大笔银子之后，又有哪一个不是想尽办法要在任内连本带利捞回来呢？结果却反而使得官场的贪渎现象变得更加严重。而道光帝能在继位不久后，便舍了银子来整饬吏治以革除积弊，所展现出的新气象着实令各界期待。

连日大雨 河道决堤 数百万两经费投入救灾行动

今年入夏之后由于大雨不断，武清、香河、天津等地都发生运河漫堤的情形。另外，永定河也因为河水暴涨，而冲垮了好几个正在施工的区段，数十丈的塘岸决口，使得河水冲出，淹没了邻近地区。除了因直接受灾所造成的生命财产损失外，各种民生物资，尤其是主要粮食的价格也随之飙涨，对百姓的生活形成极为沉重的负担。目前政府已放出数万石的仓米，在京城设厂平粜，将粮食减价出售。不过为了防止有人恶意囤积，也规定了每个人的购买上限，不准多买。这次的连日大雨，不但重创直隶地区，连东南地区也无法幸免，严重的程度更是百年来所罕见。预计政府从府库提拨的救灾经费，加上民间各项资源的总和，将达数百万两白银之多。

东南地区鸦片横流 双枪部队竟占七成

清廷在八月时颁布了《失察鸦片烟惩处条例》，要求地方文武官员务必详加查缉洋船走私夹带鸦片，以及私种鸦片煎熬烟膏等情形。其中规定，各级官员如能自行查获者可免其议处，但若有得贿故纵者则一律照例革职，至于失察未办者则罚以降级或调用之处分。据统计，随着鸦片走私量的增加，国内吸食鸦片的情形已经是越来越严重了。其中最夸张的东南沿海地区，毒品已经泛滥到没走几步路就有一家烟馆的地步，部分地方甚至有一半的

总经理，不好啦……我们门市的数量被别人超越了。

哦！是华润、家乐福，还是物美？

不……是鸦片烟馆。

东南沿海地区毒品泛滥，鸦片烟馆随处可见

人口都在吸食鸦片。不只民间，军队中毒品的渗透程度，更是已经超出一般人的想象。据说沿海部队的官兵之中，染有鸦片瘾者竟然将近百分之七十。看来这帮守卫疆土的士兵，已经成了一手拿着生锈的鸟枪，而另一手则握着一杆发热鸦片烟枪的"双枪军"了。

【专题报道】鸦片

鸦片是由罂粟未成熟的果实经割伤果皮后，将渗出的白色乳汁收集后再加以干燥而成。成品为黑褐色、带有刺激性气味的块状物，表面干燥而脆，里面的质感则是呈软黏状。将上述的半成品再经过烧煮和发酵后，便成为表面光滑且有油腻感的条状物，然后鸦片业者再将这些已精制的鸦片包覆在薄布或纸张中卖给吸毒者。根据记录，大约在公元前五世纪时，希腊便已经发现了罂粟具有镇静、兴奋、去泻、止痛等疗效，而后来西方的医学界也都一直把鸦片当作一种药物来使用。明代以后，鸦片被当成进献给皇帝的贡品（称为"乌香"），或是在缴纳税银之后当成药材进口。到后来不知道是哪一个人，竟然发明了鸦片烟膏的吸食法，把这毒品当成香烟那样吞云吐雾，使得吸食鸦片的恶习迅速传播开来。医生表示，吸食鸦片后，初期会有愉悦感、无法集中精神、产生幻觉等现象，在上瘾之后，便会在心理及生理上产生高度的依赖性而难以戒除。在成瘾之后停止吸食的话，会产生不安、流泪、流汗、流鼻水、易怒、发抖、打寒战、厌食、抽筋等戒断症状。而长期吸食鸦片，则会造成昏迷、呼吸抑制、血压过低、瞳孔变小等急性中毒现象，严重者还会致死，对人体健康危害极大。

张格尔试探性侵扰边境

乾隆年间在新疆一度重创清军的布拉呢敦、霍集占两兄弟，虽然最后首级被砍下快递至北京城，但其后代却一直流亡在外，始终没有放弃卷土重来的想法。今年八月间，布拉呢敦的孙子张格尔，便率领了三百余名部众入侵西北边境的巡逻哨，并造成哨站十余名官兵伤亡。虽然后来边防军又调来部队追出哨口围捕，但仍被张格尔给脱逃了。为此，清廷已下令附近的每一个哨点都再增置四十五名兵士，以避免类似的事情再次发生。资料显示，张格尔早年曾在已受英国控制的喀布尔求学，由于他时刻都在梦想着能够回新疆再一次恢复他们和卓氏的统治，所以便接受了英国人相关的军事训练，并于嘉庆二十五年（一八二〇年）潜入南疆发动武装叛乱。如今张格尔又开始试探性地侵扰边境，一般认为有可能在短期之内，其便会发动大规模的军事行动。

年度热搜榜

张格尔成功整合反政府势力

张格尔势力陡增 接连破新疆四城

原本一直无法形成气候的张格尔，去年顺利地整合了新疆境内的反政府势力。已经被激起反清情绪的边境各族，都先后响应集结，让张格尔的势力一下子就壮大了起来。于是起义军开始全面性地对喀什噶尔、叶尔羌、英吉沙尔、和阗等新疆要城发动攻击。虽然政府急调各地援军前往支援这些被围困的战略要城，但到了八月底，士气高涨的起义军仍是将其攻陷，喀什噶尔参赞大臣（高级官员）庆祥也在城破之后自尽身亡。

紫禁城太监逃走严重　内务府奏准处罚条例

太监们在宫中当差虽然不必从事过于繁重的工作，温饱也不成问题，长期的压力、限制行动的自由和因生理缺陷所导致的苦闷，使得每年都有不少受不了的太监私自出逃。为了解决这个问题，内务府所想到的办法并不是去改善太监们的工作条件，或是营造一个更友善的职场环境，而是定出了一套"逃走太监治罪条例"，以更严格的方式来加以控管及约束。依据这条刚出炉的规定，如果是第一次逃走又自己回来的，需杖责六十并减

薪、罚赏银一年；如果是初次逃走被抓回来，或是第二次又逃走然后自己回来的，则必须杖责六十，然后外放去做除草苦役一年。罚责会依逃走次数不断累加，一直到五次逃走，不论是自行返回还是被捕获，都要杖责一百然后外放除草五年。之后要是再逃走的话，就要被永远枷号（将方形木制项圈，套住脖子及双手，强制于监狱外或官府衙门前示众的惩罚）了。

政府财政困难

政府近年来因天灾不断，水旱灾情遍及十几省，二月时山西平陆一带又传来地震的消息，造成五十五间房屋坍塌、八十四人罹难的惨剧。加上张格尔军又横扫西北边境，必须从各地征调部队前往新疆剿灭。这些事件，每一项都得支出极为惊人的经费，户部就算绞尽脑汁也想不出有效的办法，来解决政府超支的问题。这使得道光帝旻宁不得

特准富商捐助

不放弃才执行了四年的禁止捐纳之旨，开始变通办理，特准广东洋商、盐商以及浙东盐商各捐助一百万两，准商输银二百万两以供军需。虽然军需问题暂时获得解决，而政府军也在伊犁将军长龄的带领之下开始取得优势，连败张格尔军主力，但捐钱纳官的通例再开，只怕不久后官职买卖的热度便会更盛于以往。

政府军平定疆乱　张格尔走到尽头

当清军陆续从各地调入之后，政府军与张格尔对峙的情势开始逆转，到了三月时，之前丢失的疆西四城都已被官军收复，不过张格尔仍在混乱之中再次脱逃。而追捕的行动一直进行到八月，却仍是毫无进展，使得旻宁十分愤怒，于是下令将伊犁将军长龄，以及参赞军务的杨遇春、杨芳、武隆阿等人全都革职留任以作为警惕。到了年底，清廷已经放弃了追捕张格尔的行动，并下令大军班师，只留部分兵力继续驻守在新疆。但此时张格尔却误以为清军已经全数撤退，而带了五百人回到新疆察看。当他行至中途发觉不太对劲，勒了马缰正要反向奔逃时，早已埋伏在旁的杨芳便率领部将杀出，在经过一整个昼夜的疾驰追赶后，仅剩三十余骑跟在身边的张格尔逃至喀尔铁盖山，在进退无路的状况下只好弃马登山，最后被清军生擒。目前官军已启程准备将张格尔押往北京，预料将难逃寸磔之刑。

你们不是都走了吗？

人家特地留下来等你吗……啾咪！

张格尔误中杨芳的埋伏而被生擒

年度热搜榜

【道光八年】公元一八二八年

> 哇……你这全身都是寄生虫啊。

> ……

由于有太多官员及民工依附在原来的漕运过程之中，让政府也不得不放弃新的海运办法

政策背后另有考量　漕粮海运确定停办

就在江苏巡抚陶澍于道光六年（一八二六年），顺利地将一百多万石米粮，分由九百余艘米船，以海运方式由上海运抵天津之后，各界的反对意见便如雪片般飞来。虽然从客观的角度来看，海运的确省去了不少的花费及时间，但实际上却有为数不少的政府要员采取坚决反对的立场。评论家表示，这些反对的原因都冠冕堂皇，实际上与官员的私利都脱不了关系。因为原本漕粮从产地沿着运河送抵京城的这条路上，大小官员可以用各式各样的理由征收法定税额外的附加款项，然后放进自己的口袋之中。但要是从今以后全都改走海路的话，那长久以来，靠着漕运吃饭分赃的官员岂不全都要喝西北风去。加上万一靠运河为生的数十万名船民及河工要是聚集起来闹事的话，那情形便极有可能失控。所以道光帝在几经考量之后，还是下令将一切恢复原状。毕竟多花点钱，多花点时间，让官员们私底下捞些油水，总比整个国家陷入动荡不安要来得好。

年度热搜榜

【道光九年】公元一八二九年

政府重申禁用洋银交易

虽然金管单位多年前已经发文要求各地方禁止使用洋银，同时也定有相关罚则，但时间久了之后，大家好像又无视规定的存在，又开始互相用洋银交易。这种情况，尤以外商云集的广东最为多见，省内各商家货铺，甚至市街买卖，都几乎把使用起来较方便的洋银当成了标准交易货币。为免金融市场陷于混乱，政府日前已经要求广东地区的铺户，在六个月之内，必须将所积存的洋银全都收缴呈报，并以一斤洋银发给六十文制钱作为补偿。之后若有逾限不缴，或又使用洋钱交易者，一经查出都会依例治罪。同时也将对前来贸易的西洋商船进行查验，如有夹带洋银者则不准开舱交易。不过财经专家也表示，其实清廷所要注意的金融问题，不只是市面上普遍使用洋银所带来的负面影响，为数可观的鸦片走私所造成的白银大量外流，以及洋行保商与外商之间的一些问题若无法妥善解决的话，只怕又将会刮起一阵经济风暴。

鹰洋　　　　　　　　　　　　　　　本洋

俗称为"鹰洋"的墨西哥银圆，以及被称为"本洋"或"佛洋"的西班牙银圆，
因为在交易的时候比较方便而成为国际通用货币，也被清政府大量使用

年度热搜榜

【道光十年】公元一八三〇年

在黑心油事件之后，市面上又出现这种混杂了泥土的劣等盐，而且还卖得很贵，你有什么看法？

政府一定会加强缉查，把这些不合格的地下工厂全都揪出来。

……

哼哼……最好是……告诉你好了，这种劣等盐就是官方合法生产的。

民间因为官盐的品质差价格又高，所以习惯买物美价廉的私盐来用，造成官盐销路越来越差

官盐滞销私盐抢手　政府裁撤两淮盐政

由于江南一带贩卖私盐的情形非常严重，使得官方的盐引（由户部发给的贩盐许可证）销路越来越不好，而相关单位查缉私盐的成效又不彰，所以清廷已经决定裁撤两淮盐运使（淮河南北盐政主管）一职，把当地的盐务划归两江总督来管理。据记者深入了解，官盐之所以滞销，主要是因为其中弊端丛生，让人民对官盐失去了消费信心。两淮地区所行运发售之合法官盐，一向都有被混掺泥土的问题，使得民间嫌恶这种劣等货色，转而购买纯度较高且价格较便宜的私盐。这些合法的盐商不但大赚这种黑心钱，连在向煮盐的灶户们收购时，也时常在收盐时不付给货款，总是以赊欠的方式拖延付款，结果使得灶户们越来越不愿意将盐卖给盐商，宁可循着一些地下管道，把煮好的盐私自贩售给私枭。诸如此类的弊端，已经严重地打击了官盐市场，造成政府发售的盐引乏人问津。虽然清廷已经对于主管盐政的单位做出调整，但如果无法从根本上解决这些弊端的话，恐怕贩售私盐的情形还会一直持续下去。

鸦片问题日趋严重
政府再祭惩处条例

虽然政府一再严令说要查禁鸦片，但每年经由海上走私进口的鸦片数量却是不断地增长，甚至虎门外海还出现为数不少的趸船，专门用来囤积鸦片，作为海上的大盘仓储。一直想要杜绝鸦片问题的旻宁，终于在日前下了一剂猛药，不但要求两广总督李鸿宾确实地查缉这些趸船，还颁布了条例杜绝民众吸食鸦片，希望能从末端根除众人吸毒的恶习。其中规

老大，政府又说要查缉毒品了……

没关系啦，又不是第一次了……别怕，照卖不误……

虽然政府一再严查鸦片，但效果却始终不彰

定，凡是有买食鸦片被查获者，将处以杖责一百并枷号两个月的刑责，同时还要指认供出贩卖鸦片的药头。不能指认者，就会被当作贩毒者的从犯，而被处以杖责一百并三年的有期徒刑。如果是在职官员或是在政府部门当差的衙役买食鸦片的话，便罪加一等。而各省督抚及以下各地方官员，也必须每年出具该管署内无人买食鸦片的证明，要是主管徇隐不究的话，则将被从严参处。

改革盐政弊端　票盐法开新页

去年两淮地区因盐引滞销，而接手盐务的两江总督陶澍在苦思之后，终于找到可行的解决方法，并于日前奏准在淮北一带试行办理。这项新的办法，是将原本"引盐法"，也就是由官府发给垄断之商人盐引并课税的方法，改成只认票不认人的"票引法"。新法中，由官方印具三联票，一留存根，一存分司，一给民贩行运之用。并于各适当地点开设办事处，无论何人，只要照规定缴交一定的税额，便可以领票在指定的口岸运销。如此一来，不论资本多寡，都可以量力贩运，而不会再受到大盐商的垄断。一般认为，此法一旦实施，预计将会有很好的效果。

年度热搜榜

英商船阿美士德号鬼祟　沿海北上收集战略情报

近来东南沿岸各处都陆续汇报有外国船只鬼鬼祟祟靠近的情报，清廷在闻讯之后已经谕令沿海地区加强整饬水师，并密切注意洋船的行动。一旦发现有洋船过境的话，则必须立即驱逐，不准停泊靠岸或有任何交易行为。虽然地方官员已向中央汇报，说洋船只是因避风暂时近岸停靠且无滋事意图，但记者所拿到的独家消息则显示，这其实是英国东印度公司所属的一艘秘密侦察船。这艘由传教士郭士立等一行七十多人所乘坐的武装商船阿美

传教士郭士立已经多次参与了侵略大清的情报收集行动

士德号（Lord Amherst）从年初开始，便由澳门北上，先后经过厦门、福州、宁波、上海、山东等地，不断寻找借口企图上岸，用意就在于沿路刺探当地驻军人数与军事装备、海湾河道、炮台军营等机密情报，并将这些资料绘制成了航海图。而大清的海防部队却糊里糊涂地放任英国人测量水域，甚至有些单位还让他们参观军营，取得了许多重要的情报。其实，郭士立在去年（一八三一年）就曾搭乘一艘福建商人的船沿岸北上，并详细记录了天津、大沽等地的航海路线及港口的水文情况。这次，阿美士德号又在寻求贸易的掩护之下，再次成功地完成情报收集的任务，已对大清的国防安全造成严重威胁。据胡夏米身边的友人转述，胡夏米在看到清军装备陈旧、纪律松弛的情况后，还一度戏称只要给他一艘兵舰，便可以击垮全大清的一千艘水师船只。以此看来，英国政府若采信胡夏米的看法，便极有可能在必要的时候以武力来达成他们在贸易上的各项诉求了。

各地再传起义　官方出兵平定

今年国内又有许多地方出现反政府的武装抗争，先是年初湖南的瑶族人赵金龙，因无法再忍受官役和地主长期的暴虐，便招聚广东和湖南的瑶族群众，以赛神为名起事。不但在蓝山等地大败官军，还击毙了提督海凌阿与新田知县王鼎铭。后来官军调来外援并重新部署，将起义军诱至山外围剿，才终于在四月杀死了赵金龙，平定了这场起义。但就在此时，台湾的天地会又很有默契地也在各地发动武装抗争。清廷在得报之后，立刻派兵渡海，以优势兵力在十二月平定了天地会的行动。另外，在四川方面，越嶲的彝族人民，不久前也揭竿而起，虽然目前起义已经迅速扩大到清溪、峨边等地，但是由于入援官军业已陆续就位，所以预计在明年入冬之前，清军便可以将起义完全平定下来。

官员建议复设天津水师　皇帝为求省钱予以否决

经过之前的英船阿美士德号事件之后，有官员意识到邻近京城的北部海域门户洞开，俨然已是国防上的一大漏洞，于是便建议复设天津水师。为此，道光帝旻宁就命直隶总督琦善对此案提出看法。琦善认为，天津外海自有天险，只需在近海口处设陆军驻守便足以负起捍卫京师之责。而节俭成性的道光帝，最后还是把钱当作终极考量，决定不再重新设置天津水师，以免政府花太多钱。战略专家指出，道光帝与琦善两人不但对军事及海防极度无知，也严重轻忽了阿美士德号的侦察活动。因为英国如果有意用兵的话，极有可能会以这些情报去制订一套针对大清

的作战计划，甚至选定未来战胜之后要求大清开放的通商地点。同时，也有学者提出警告，英国胡夏米等人通过勘察，已经发现大清的海防呈现真空状态，沿海炮台既无炮也无兵，陆上守军的装备更是老旧得不堪一击。加上清廷在处理外船事件时，展现了极端的懦弱无能及胆小怕事，这些都会强化英国人以武力进犯的信心，并让英国人将来在谈判桌上有了更多的筹码可用。说不定仅凭出言恫吓，不必真的动刀动枪，便可以取得经济上极大的利益。

126

年度热搜榜

【道光十三年】公元一八三三年

稳赚不赔循环套利惊人　洋元换取纹银狠削一笔

近年来由于纹银外流严重且屡禁无效，已对国内的金融秩序造成极大的影响，所以政府在六月时又立法通过一项禁止纹银出洋的条例。依规定，今后凡是内地人到广东省从事贸易活动，都只准以货物或者是之前留存的洋银来交换货物，不能再用纹银向外国人买货。反过来，外国人到广东做生意，则是只能以货物交换，或者是用纹银来向清朝人买货，不准使用洋银。财经专家指出，由于外国银圆是以一枚一枚的数量作为计量标准，在交易时远比要称重的纹银来得方便，所以大受人们欢迎。这些在广州流通比例将近百分之五十四的外国银圆，其纯度都不到百分之九十，但却因为使用上的便利性，使得价格竟高于纯度多在百分之九十三以上的国内纹银。而外国的不肖商人，则利用纯度及价格上的差异，先用银圆购买大量纹银，然后再于境外将白银熔铸成纯度较低的银圆，之后再运入境内销售。这样每次获利可达一成的套利，不断循环，成为一门稳赚不赔的生意。甚至还有洋船根本就是在买空卖空，没有任何实际货物的交易，只是到各个海口去收买纹银。纹银的大量外流，不但加重了人们在汇兑铜钱时的负担，也已经使得政府的财政危机日益严重。

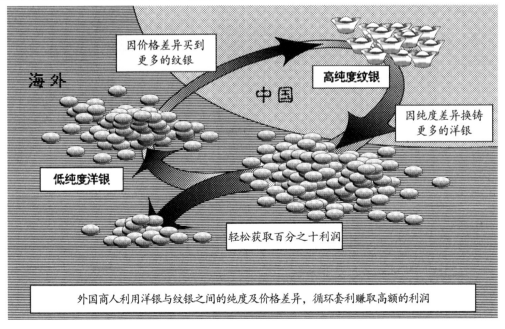

因价格差异买到更多的纹银

海外

中国

高纯度纹银

因纯度差异换铸更多的洋银

低纯度洋银

轻松获取百分之十利润

外国商人利用洋银与纹银之间的纯度及价格差异，循环套利赚取高额的利润

一 林则徐建议自铸银钱　只可惜遭到道光封杀 一

为了解决外国银圆严重扰乱国内金融市场的问题，江苏巡抚林则徐之前便提出了一套自铸银圆以抑制洋钱的方案。林则徐在给道光帝的折子中建议，由官方铸造每枚价值纹银五钱的银币，以渐次取代现在市场上可兑换纹银六钱五分的洋银。经济学者表示，林则徐此法确有可行之处，以市场需求为导向，用自制银圆冲击外国银圆，在一定程度上确实可以削减鸦片走私及洋银套利所造成的危机。只不过行事保守的旻宁觉得这样做变动实在太大了，简直是不成体统，洋钱都已经禁之不暇了，哪有自己还加铸银钱来凑热闹的道理，所以便否决了林则徐的这项建议。看来在短期之内，政府应该是不会采取什么币制改革措施来改变金融乱象了。

贪渎严重操练荒废　水师战力令人担忧

近年来，不但陆上的八旗及绿营部队已失去了作战能力，连海上的水师部队也开始出现积疲不振的现象。据了解，沿海各地的水师战船在维修时，武官们索取贿赂的情形可说是十分严重。当文员领来公款修船时，武官就会趁机索贿，如果给的钱多，就算烂船没有修复也可以帮你验收呈报说已经修好了，要是钱给少了的话，就算船修好也不会帮你验收。不仅如此，听说江南某个地方的水师部队，居然每年只会

水师不但操练敷衍草率，连维修也是弊端丛生，毫无战力可言

实际驾着战船操演一次，要是操演日当天风浪太大了，便干脆就取消了。结果日子一久，战斗技术全忘光了，别说炮弹打不准，连操舰都还要临时雇用舵工来帮忙。目前的水师战力已经越来越弱，简直形同虚设。

年度热搜榜

【道光十四年】公元一八三四年

惊天一轰　东西首度对决
英舰炮击　虎门炮台被毁

英国政府在去年（一八三三年）决定取消东印度公司的大清贸易垄断权之后，便任命了律劳卑为首任驻华商务监督。但律劳卑在今年六月抵达澳门时，却因能否进驻广州以及交往礼仪等问题与两广总督卢坤发生了争执。由于双方各持己见，彼此间的关系也不断恶化，到了九月初，卢坤与广东巡抚祁𡒃终于使出撒手锏，下令所有英船封舱，停止中英贸易，同时撤出英国商馆中所有的华人买办及役工，然后派兵包围英国商馆，断绝其交通及物资供应。但是新官上任的律劳卑也不甘示弱，除了致书英国外交大臣主张以武力解决问题外，也下令两艘英国兵船闯入珠江。当大清守军发现英舰闯入时，虎门炮台便立刻发炮阻截，而英舰也不客气地以重炮回击。但

分处世界两端的英国与大清，终于爆发了历史上空前的对决

没想到就在这样的一来一回间，虎门、横档等炮台竟毁于英国人的炮火之下，而英舰却没有受到损伤。失去攻击能力的大清国海岸防线，就只能听任敌舰进泊黄埔而无力加以驱逐。唯一的补救措施就是调集水师船舰警戒，并找来许多的石碑沉入水中，再将木栅横置水面以作为拦阻。所幸律劳卑也考虑到自己只有两艘兵舰与上面的三百多名士兵，所以才请传教士通过行商居中与卢坤展开协商，而没有采取进一步的军事行动。最后双方达成共识，律劳卑与英舰退回澳门，卢坤则解除禁令恢复了中英间的贸易关系。此事件过后，清廷为了加强防御能力，已命关天培为广东水师提督，并对卢坤处以革职留任。至于离开时信誓旦旦地对英商说"将来有一天必以武力洗雪此次退兵耻辱"的律劳卑，也于返抵澳门后不久便因病去世，并由德庇时继任商务监督一职。

政府立法严惩枪手加入械斗

因广东沿海地区械斗成风，有许多手持鸟枪的射手时常受雇于人来壮大声势，以至于造成比传统械斗还要严重的人员伤亡。为此政府特颁规定，若鸟枪手有伤人或致死者，仍照原本的刑责拟罪。如果在械斗中没有伤人但有担任帮手的，则必须依照教师演弄拳棒之罪再加一等，杖责一百并发附近充军。未加入斗殴者，则受一百杖并流放三千里外。

全国人口总数突破四亿

大清国的人口总数，从乾隆六年（一七四一年）政府第一次统计时的一亿四千三百万人，到乾隆二十七年（一七六二年）时突破两亿大关，乾隆五十五年（一七九〇年）再破三亿，一直到今年统计的时候已经超过了四亿人，占全世界十二亿多人口总数的百分之三十二左右。其中江南（江苏、安徽）、山东、河南、浙江、江西、湖北、四川、广东等，都是人口总数超过两千万的省份。

—— 亡羊补牢 清军增修虎门炮台 ——

在经过上次英国兵舰炮轰虎门炮台的事件之后，为了加强海岸线的防御能力，清廷日前已经批准了两广总督卢坤、广东提督关天培之请，对虎门炮台进行增修补强的计划。预计将会增置到十一座炮台，共配置三百三十个炮位，以符合实战之需要。而英国方面在和清军对干一场之后则是信心大增，近来更是屡有商船驶入近洋，试图在非规定的口岸通商进行贸易活动。虽然这些违规的外国商船都已被大清水师给一一逐出，不过由于旻宁一再强调不可对洋人轻开边衅，已使得海防部队在战略上失去主导地位。评论家表示，由于道光皇帝对之前英军等同宣战的行为过度宽和解释，现在又对海防采取过于保守的态度，已使得英国人认定清政府根本不敢使用武力，如此一来将会更挑起英国人以武力进犯的强烈欲望。

节俭成性　道光龙袍满是补丁
官员跟风　奢靡外罩清廉破衣

补丁是今年
流行款……

卖二手旧衣没什么稀奇，但是旧衣卖得比新衣贵，还把旧衣铺开在繁华的北京城中，甚至专卖给官老爷，这可就厉害了。而之所以会有这么奇特的情形，完全是拜旻宁之赐。据不愿透露身份的皇帝近侍表示，以节俭出名的道光皇帝，不但吃的东西和寻常百姓没什么两样，连尊贵的龙袍也是东补一块西补一块的。结果这个节俭风一吹开来，大臣们只好纷纷跟进，也都开始穿着打补丁的官服上朝。有的官员听说有人要来家里拜访，便赶快在华丽而贵重的衣服外面再穿上一件特别买来的破旧衣服。连上奏的折子里，也是动不动就要提到如何节制靡费的做法。可以说节俭现在已经成了一项全国性的运动，只不过，这都是在台面上的政治表演。在皇帝看不到的地方，官员们依然过着奢华的生活。听说有位高官光是为了吃一盘猪肉，便必须宰杀五十几头猪，然后只取猪身上精华的一小部分，其余的部分则全部丢弃。吃驼峰，也要宰掉三四头骆驼才行。我们只能说，在廉洁节俭的表面之下，贿赂公行、奢靡依旧，只有被蒙在鼓里的皇帝老爷刻苦地过着清贫的生活。可笑的是，其实龙袍的补丁费用，也是被收了个不像话的高价呢。

年度热搜榜

我要发了。

没办法啊，爸爸把钱都拿去买货做生意了。

不是说生日要送我芭比的吗？怎么变这个啦……丑死了……

洋商在听说清廷有可能开放鸦片合法化之后，都纷纷砸重金增加进货量，准备大捞一笔

许乃济提出弛禁鸦片获青睐
鸦片商兴高采烈增加进口量

日前太常寺少卿（中级官员）许乃济对于查禁鸦片的问题，提出了一套与以往那种严行查禁完全不同的方法。他认为光是一味禁烟是没有办法收到具体成效的，倒不如改采弛禁之法，也就是只禁官员兵丁，而开放民间百姓吸食鸦片。同时将鸦片走私合法化，改成以货易货的方法输入鸦片并照药材的税率课以关税，以杜绝白银不断因鸦片走私而外流的情形。然后再开放民间种植鸦片，以国内自行生产之鸦片来抵销进口之压力。由于一直以来，中央政府便对白银外流以及鸦片泛滥的问题束手无策，不管颁布了多严格

的禁令也没有看到具体的成效。而如今许乃济的弛禁论一出现，果然令道光皇帝颇为所动，便下令要群臣对此都提出自己的看法来讨论。评论家指出，弛禁论的提出，实际上所代表的是中外鸦片商人以及从中贪赃的官员的利益，所以也不难理解为何两广总督邓廷桢、广东巡抚祁𡎴、粤海关监督文祥等人都大力赞成。而认为大清政府将会开放鸦片进口的洋商，更是兴奋地将此奏折翻译成英文并到处传播，然后砸重金增加进口数量，一口气把总数从去年的二万六千余箱，提升到超过三万箱，准备从中大赚一笔。

由于清政府对于进出口货物所征收的关税，一向是采取嘉惠远方来人的原则，在货物进口时只象征性地课征总价值百分之四的进口税，而货物出口税也只有百分之十六，再加上本地的物价便宜，使得外国商人得以用极低的成本买进大清的货物。虽然这些货物到了欧洲，他们自己的国家会再征收百分之二百至百分之三百的高额关税，但对商人来说仍有极为可观的利润。这些从大清出口的货物之中，又以茶叶为最大宗。据统计，从大清输往英国的茶叶量，可说是每年都持续增长，从道光十年（一八三〇年）的三千万磅，一直增加到今年的四千九百万磅。而英国政府今年光是靠茶叶的进口关税，就赚进了四百六十七万英镑之多，大约占了英国财政总收入的一成。

严禁论者炮火猛烈
鸦片问题尚未定局

在弛禁鸦片的论述抬头之后，主张严禁的朱嶟、许球、袁玉麟等官员便先后上折加以反驳。他们认为许乃济的论点简直是荒谬至极，怎么可能只禁官员兵丁吸食，而对于一般民众则予以放任，难道愚贱无职之流就是可有可无的人吗？要是百姓都沉溺在吞云吐雾的迷幻快感之中，那国家永远只能沉沦。至于鼓励种植本土鸦片以抵制洋货，来达到防止白银外流的方法，虽然在经济学的理论上是行得通的，但问题是鸦片乃一种会对健康造成严重伤害的毒品，如果只是为了经济上的考量，要付出的代价未免也太沉重、太不值得了。目前严禁、弛禁两方各有支持者，而具决定性作用的道光皇帝到目前为止，仍未做出最后的裁示。

对于鸦片到底是要弛禁还是严禁，目前为止清廷仍未有定论

粤督要求遣去鸦片趸船　义律拖延导致关系紧张

义律于去年（一八三六年）继罗宾臣成为英国驻华商务监督之后，便代表英商向清政府提出处理行商欠款之要求，两广总督邓廷桢在深入了解以后，已责令各行商共同负责偿还积欠洋人的三百万洋元。在债务问题得到善意的回应之后，义律又更进一步提出不再经由行商，直接与两广总督文移往来之请。但因直接与夷人往来一向是大清官员所不齿的事，所以这个要求当然被邓廷桢给直接驳回。到了七月时，邓廷桢饬令义律立即将停泊在伶仃洋的鸦片趸船（停泊在海上的仓储船）遣去，但一直催促到十月，义律始终以这些船并非从事正规贸易的英国商船，所以他无权过问为由而没有采取任何动作。这时有点被惹毛的邓廷桢便下达最后通牒，表示英方如果无法于一个月内将趸船遣去的话，就要祭出对所有英船进行封舱并停止交易的处分。而义律方面也因为收到英国外交大臣巴麦尊的训令，要求他一定要跳过行商直接与总督对话，而且不可以使用承认对方地位高于自己的"禀"字，所以便终止了与两广总督之间的沟通。据可靠消息，义律在发现弛禁鸦片的主张并未取得优势之后，便立即向英国政府汇报，说原本期待鸦片可以大规模合法输进清朝的情况可能有变，双方极有可能因为鸦片问题而发生冲突，请派专使来华交涉相关事宜。而英国外交大臣在收到报告后，已经请海军大臣派遣东印度舰队司令海军少将马他伦率领舰队前往大清，以强大的武力来保护英国人贸易，并作为义律谈判的后盾。

亲爱的！好想和你面对面说话哦……出来吧。

恶心死了……

英国商务监督义律想要跳过行商直接与两广总督对话，但遭到邓廷桢的拒绝

【专题报道】鸦片的走私手法

从事鸦片事业的英国商人在印度的拍卖场上买到鸦片之后，便会以大型商船运抵中国近海，然后存放在固定停泊于伶仃洋的趸船上面。同时，他们暗中与广州当地的不肖商人或土豪恶棍联手，在城内开设所谓的"大窑口"，以合法商铺来掩饰非法买卖。而大清的鸦片贩子到大窑口看样品并缴交货款之后，便拿着大窑口所开具的提货清单，到趸船上去领取鸦片。然后以称为"快蟹"或"扒龙"的武装走私船来运送。这些二十米长、五六米宽的走私船上枪炮皆具，每艘都有一百多人，其中六七十个负责划桨的水手则分坐左右两舷。由于武装走私船行驶的速度极快，一般的水师巡逻船只能远远看着溅起的水花徒然叹息。当走私船把鸦片运到各地之后，再经由毒枭开设的"小窑口"，转卖到各城镇中的鸦片烟馆中让人吸食。至于政府方面，虽然定有极严格的查缉办法，但无奈的是，那些应该去查缉鸦片的各级官吏及海关人员，早就被毒贩的贿款给喂得饱饱的，而根本不执行任务。据说每箱四百多元的鸦片，其中就有一百五十元是拿来作贿赂官员之用。而每艘水师巡艇，一个月收到的贿款就高达三万六千两白银之多，而且随着查禁办法越来越严，所收的黑钱也越来越多。况且根据一项非正式的统计，大清国的官员中，在中央任职的官员大概有一成染上毒瘾，而地方官吸食鸦片的比例更是将近三成。也难怪清廷不断严令禁烟，而在执行上却是明查暗放，毫无成效。同时也使得鸦片走私的数量，从乾隆晚年的四千箱一路激增，在道光初年达到九千箱之多，而现在则是已经超过一万八千箱了。

加油！加油！加油！

在洋商、本地土豪恶棍，以及一些贪赃官员的通力合作之下，鸦片走私数量一路攀高

英政府重申立场 不赞成鸦片走私

一向善于讲场面话的英国人，恐怕实际上还是无法抗拒每年可赚一千万两白银的鸦片走私的诱惑

许乃济弛禁鸦片的奏折，被翻译并传回英国之后，英国政府也对此表示乐见其成。清政府竟然出现了将鸦片贸易合法化的声音，这对英国人来说当然是再好不过的事情，因为如此一来，既可以获取暴利，又不必背负走私毒品的恶名。但英国外交大臣巴麦尊为此还是特别写信给驻华商务监督义律，说明英国女王的立场，表示在鸦片贸易合法化以前，英国政府不会因为英商触犯大清禁烟的法令而加以干预，英商若有因从事非法走私而遭受损失的，必须由他们自己承担所有责任。同时也认为清政府有权决定是否禁烟，并查缉走私进入大清领土的鸦片。不过，大家也都知道，英国人一向会说场面话，在这么漂亮的外交辞令背后，每年将近一千万两白银的鸦片交易金额，恐怕是怎么也无法割舍的吧。

廓尔喀进贡先进火炮　道光帝退回错失良机

廓尔喀近年来不断遭到英国武力欺凌，甚至到了已经被迫割让领土的地步。但廓尔喀人并不愿就此屈服，对他们来说，还存有最后一丝对抗英军侵略的希望，那就是老宗主国大清。于是他们就把在作战中所缴获的新式英军铜炮，大老远地经西藏、青海运抵北京，以进贡的名义献给道光皇帝。希望拥有较高科技水平的大清国，可以从这些贡品中获取一些可用的技术，甚至自行仿造出与西方同等级的重型火炮，然后反过来击退英国人。但是这个让武器科技大幅进步的机会，就在道光帝认为没有这个必要，并要廓尔喀将这种不在定制内之贡品带回的命令下达时消失了。军事专家表示，大清目前所使用的火炮技术与西洋各国差距甚大，如果能借此机会获取珍贵军事科技的话，相信不久之后便有能力与之抗衡。此次白白放过这么好的机会，只怕双方差距将会越来越大，到时候一旦真的发生冲突，就只能被动挨打。

清廷因为把廓尔喀进贡的英制火炮退回，而失去了一次获取先进军事科技的大好机会

年度热搜榜

【道光十八年】公元一八三八年

鸦片严禁派再度出招　黄爵滋林则徐具折上奏

前年（一八三六年）许乃济提出弛禁鸦片之论，在政坛掀起一阵论战之后，今年黄爵滋与林则徐提出的观点，又重重地打了弛禁派一巴掌。黄爵滋在折本中，力陈鸦片输入及白银外流之害，同时建议应以一年为戒烟期限，逾期仍继续吸食的平民须处以死刑，官员及其家属另依例治罪，并罚子孙不得参加科举考试。而林则徐除了大力支持黄爵滋的部分看法外，还拟出了一些具体做法，例如：彻底收缴烟具；将禁烟的一年期限划分为四个时限，然后递加罪名，以免百姓因循观望；加重贩毒及制毒者的刑责，并定出自首的期限；等等。同时，为了不冤枉好人，在审断嫌犯有无毒瘾时，舍弃严刑拷打的方法，改成让有嫌疑者静坐一段时间，再观察是否出现一些成瘾性症状。湖广总督林则徐等人的强力论述，再加上他在辖区内已经破获大批鸦片烟的成果，似乎已经让旻宁的态度，开始倾向于严禁派这边了。

在黄爵滋及林则徐等人力奏之下，道光对于鸦片的立场，已经逐渐地转变成支持严禁

——马他伦率领英舰进入穿鼻

邓廷桢态度强硬要求驶离——

五月下旬时，奉命来华作为英商后盾的英国海军少将马他伦抵达中国近海，在将家眷于澳门安顿妥当之后，便率舰队往虎门方向移动。两广总督邓廷桢得到消息之后，便派人向英国驻华商业监督义律询问马他伦来华的原因，但义律却回复说只是来华稽查贸易而已。这样的回答自然无法令人满意，所以邓廷桢便下令海防部队严密监控。果然不久，马他伦便借口一艘欲驶入虎门的英船遭到炮台发炮警告及搜查，而率领三艘战舰至穿鼻洋面（广东南沙区与东莞、深圳之间的

海面）停泊，并为此提出严正抗议。不过邓廷桢的态度十分坚定，不但拒其所请，还以武力驱逐及停止贸易作为威胁，要求英船立刻驶离。马他伦见清方不为所动，也只好摸了鼻子先退出穿鼻洋面。原本各界还认为马他伦接下来会再采取什么挑衅行动的，但此时他的妻子却正好因病在澳门去世，所以伤心欲绝的马他伦在办完爱妻的丧礼之后，便于八月中率舰离去，而中英双方的冲突也暂时告一段落。

官员监守自盗
鸦片不翼而飞

这里常有灵异事件，东西都会不翼而飞……

明森恐怖

真的假的？

官府查扣的鸦片时常会凭空消失不知去向

在不久之前，广州英国商馆前的一艘货船上，官府查抄到八箱正准备上岸的鸦片烟，并当场依规定将这批违禁品充公没收。不过等到整个查抄行动结束，回到广州知府衙门的时候，这八箱赃物居然莫名其妙地只剩下四箱。之后这四箱上等的"公班土"再从衙门抬出来的时候，更是异常神奇地变成了品质低劣的"金花土"。而这种偷天换日的手法其实还算是客气的了，据闻，有一个水师提督的行径更为嚣张，他因为怕分赃分得少了，所以索性每个月自己登上私枭的趸船上，去核计新运到的鸦片数量，然后直接在船上以每箱一元的价位收取赃款，甚至还开了收据作为凭证。诸如此类的索贿贪渎事件要是没办法根除的话，那不管是弛禁还是严禁，恐怕都只会沦为纸上作业，或成为另一种官员索贿的借口罢了。

道光拍板严禁鸦片　广州抗英民情沸腾

在黄爵滋严禁鸦片的主张提出后，各省督抚支持严禁的奏折也陆续到京，弛禁派的说法被攻击得体无完肤，毫无招架之力。尤其是林则徐"今天如果不严禁鸦片，不但国家财政将会破产，不久后军中也没有一个健康的军人可以打仗"的一席话，更是深深地打动了道光皇帝。于是旻宁终于决定采取严禁措施，不但立即召见林则徐，还将之前奏请弛禁的许乃济降为六品顶戴并即行致仕（退休）。而当朝廷决心严禁鸦片的消息一传到广州之后，官吏们也一反常态地动了起来，开始认真地查缉鸦片。不但逮捕了一些走私商人，还查封了几个平常等于是公开营业的大小窑口。为了向英商施加压力，相关部门还特别将一个叫作何老金的烟馆老板押到商馆前广场，准备公开执行死刑，给洋人一点警告。不过就在快要行刑的时候，一群英国水手竟然冲入刑场，将刑具捣烂，强迫官员改往别的地方行刑。在英国人干涉行刑的消息传出之后，上万名当地百姓愤怒地将商馆区给包围了起来，并开始丢掷石块砸破窗户，还用力推倒馆外栅栏。商馆内的洋人则是吓得面色铁青，急忙找来重物顶住大门，阻止民众闯入。最后还是知县带了数十名官兵到场维持秩序，在逮捕了几个闹事者之后，群众才逐渐散去。看来，广州的社会情绪已经被鼓动起来，准备向鸦片宣战了。

林则徐受命钦差　赴广东查禁鸦片

由于广州民众反毒情绪高涨，两广总督邓廷桢又勒令偷运鸦片的英商立即离境，为了不影响正常贸易，自知理亏的英国在华商务监督义律迫于形势，只好下令所有的英国鸦片烟船在三个月之内离开广州，并声称不会给予走私者任何保护。同时，道光帝也任命湖广总督林则徐为钦差大臣，驰赴广东专门办理禁烟事宜，并令广东水师归其节制。以目前的局势来看，禁烟行动已经有了一个很好的开始，接下来就看林则徐要怎么接着把这盘棋下完了。

惊人发现！　洋人"弱点"大揭秘

在许多官员的想象中，洋人既不能正常行走，也无法正常排便，是极容易对付的

直隶总督琦善在不久前公开表示，说依据他所得到的情报，西洋人因为每天都以牛羊肉作为主食，不利于肠胃消化，所以如果没有在每餐饭后饮用大黄（一种通便泻火的药材）及茶叶的话，就会因为无法排便而给活活憋死。所以如果西洋人不乖的话，只要停止贸易，不再卖给他们大黄及茶叶，那西洋人便会跪地求饶了。另外，听说此次到广东查禁鸦片的钦差大人林则徐，也曾经表示西洋人其实弱得很，因为他们生下来就有缺陷，两只腿根本无法弯曲，在船上放放火炮或许还行，一旦上了岸就很容易摔倒。诸如此类的说法虽然荒诞而且毫无根据，但似乎已经成为官方的一种主流思想。

【专题报道】鸦片危机

由于中国茶叶在欧洲占有很大的消费市场，使得英国政府每年光是茶叶税的收入，就从一七九三年的六十万英镑，变成现在的三百多万英镑，替国库赚了不少税收。但因为英国的工业产品一直无法在大清打开市场，这使得他们必须以大量的白银来换取茶叶，而白银的大量出超却令英国的资产阶级无法忍受。于是一七九七年英国东印度公司取得制造鸦片的特权后，便以垫款的方式让印度农民大量种植罂粟，以达到倾销大清、平衡贸易逆差之目的。虽然表面上东印度公司在拍卖鸦片之后，便不再介入对大清的行销事务，甚至还明文禁止公司所属的船只运送鸦片到大清。但实际上这些鸦片输入大清的数量，已从一八〇〇年的四千多箱，增加到今年的四万多箱，足足增长了十

鸦片已经造成大清民众健康及经济上的重大危机

烟雾弥漫

爽！

爽！

倍之多，而英国政府今年光是靠鸦片赚取的税收就超过了一百万英镑。据熟悉鸦片市场的人士指出，鸦片的成本仅占拍卖价的十分之一左右，获利极为惊人。而且英国借着不断向大清输出鸦片，以换取更多的白银来购买茶叶输入英国，征收更多的茶叶税。然后英国人又用赚的钱生产更多的工业产品倾销到印度，以便生产更多的鸦片来卖给大清，获得的利益便如此不断循环翻滚。目前在大清的鸦片市场中，大部分都是英国工厂生产的高档印度鸦片，美国工厂生产的波斯、土耳其鸦片则是以将近四成的市占率，稳居第二位。而大清的对外贸易，也由全盛时期的大量出超转为入超，白银的大量外流造成了国内金融市场的混乱。原本一千文钱兑换一两白银的汇率，现在已经飙升到一千六百比一。这对普遍使用铜钱的中下阶层来说负担更重，因为他们出售物品或劳力所挣得的全是铜钱，等到要缴税时却必须折算成银两，等于加重了税率，几乎把百姓逼到无法存活的地步了。

玩真的！林则徐包围商馆　英商承诺缴烟

身负重任的钦差大臣林则徐于二月抵达广州之后，便雷厉风行地展开了禁烟行动，要求洋人限期呈缴所有鸦片，并出具甘结（切结保证书）保证永不再犯。英商基于以往的经验，原本只打算先做做样子敷衍一下，然后再伺机送钱贿赂，于是便缴出了一千多箱的鸦片烟充数。但他们没想到的是，林则徐不同于那些嗜钱如命的贪官，他要的是收缴全部的鸦片，而不是区区的一千箱。为了展示决心逼洋人就范，林则徐不但以武力封舱，停止了与英国之间的贸易，还包围英国的商馆，下令所有华人买办及工役全部撤出。英商不论有没有参与鸦片走私，全都遭到严密的封锁隔绝。商馆中没了食物来源，也没有华人雇工的帮忙，使得洋人不但行动失去自由，甚至连吃饭都成了问题。最后英国驻华商务监督义律只好要求英商开具鸦片存量清单给他，同时承诺英国女王会对这些鸦片的货价损失负责。在义律回复将会呈缴二万零二百八十三箱鸦片之后，林则徐才解除包围，答应把食物送进商馆之中。

虎门销烟　大快人心

两万箱鸦片全数销毁　市值近一千二百万两

虽然之前义律已经承诺会要求英商缴出所有的鸦片，但英商还是害怕血本无归，而一直采取观望的态度，四月一日整天下来，官方居然只收到五箱鸦片。由于收缴状况不如预期，林则徐便提出以茶叶作为奖励，只要英商每缴一箱鸦片，就给予五斤茶叶作为补偿。果然，这个方法实施以后，英商便把鸦片一箱一箱地交了出来。在两广总督邓廷桢的大力配合之下，到了四月，便已经收缴了一万九千三百六十箱和二千一百一十五袋的鸦片，比当初义律承诺的数目还多。之后林则徐于虎门海滩公开销毁这总计二百多万斤、成本六百多万两白银、市值高达一千二百万两白银的鸦片。同时，

林则徐在虎门销毁鸦片的行动大快人心

清廷亦颁布了《钦定严禁鸦片烟章程》，三十九条内容，刻意加重对贩卖及吸食者的处罚，并强化对执法者的约束，然后要求民众于一年半之内断绝烟瘾。此章程条款之细、惩办之严，实在是历来所未有，全国进入禁烟的高潮。

【专题报道】林则徐的销烟法

以往在销毁鸦片时，都是先用桐油拌入鸦片烟之中，然后再放火焚化。但这样的做法，一来在焚毁之前，便有许多不肖官吏会从中调包，以假货或是劣质品将高级鸦片换出，二来是鸦片经火化之后，仍会有部分没有烧尽的残余膏土渗入土中，于是一些有心分子便会在事后掘土重熬，以取得百分之二三十的残存鸦片。这次，为了防止有人从这批高价值的赃物中作弊取利，林则徐在与当地人士讨论之后，从收烟开始，就制定了接收、检验、入库、看守、巡查五道关口，由不同的人员分权负责。另

为了避免夹带，参与销烟的民工不仅只能穿短裤，还要接受搜身

派十二名官吏负责看守已缴的鸦片，再命十名武官带队日夜在库房区巡逻，以免赃物流出。之后再以掘池销烟、冲灰入海的做法销毁鸦片。先在海岸边掘好两个十五丈见方、底部平铺石板的销烟池，在其中一池放入适量切成四瓣的鸦片后，引入海水，并撒下大量的食盐及生石灰。一时之间只见池水沸腾、浓烟滚滚。最后再将废水引入大海之中，再引水将池底冲刷干净。一个池子冲洗时，另一个池子则开始销毁的工作，两个池子不断交替，直到所有烟毒都销毁为止。实际操作的五百位民工，都只能穿着一条短裤工作，并在收工离场时搜身以防夹带。各级官员也都必须负起检查与督导的责任，由于数量庞大，需要多日才能执行完毕，所以连两广总督、广东巡抚、广州将军等要员也都要到现场轮流坐镇。虽然销烟是一件大快人心之事，不过对现场的工作人员来说，在有毒浓烟弥漫的环境中连日工作，已有许多人生病了。

做贼的喊捉贼　英商拒签保证书　反控中方侵权

英国商务监督义律不但拒签保证书，还致函英国外交大臣控诉林则徐严重侵害英国女王的财产

　　林则徐于虎门销烟的同时，为了防止之后再有走私的行为，便要求洋商都要签保证书，同意一旦被查获走私鸦片的话，"物即没官，人即正法"。那些不以鸦片为主要获利的洋商为了能够尽速恢复贸易，都很快照式具结，唯有英商在商务监督义律的坚持下拒签。义律随后不但带领英船离开广州，还同时拒绝领取清廷因征缴鸦片而赏给的一千六百四十箱茶叶。据了解，英商不愿具结的原因，一方面是对大清国这种落后司法制度的不信任，另一方面则是另有打算。其实，早在义律答应缴出鸦片，并表示女王将会负责所有价款的同时，便已致函给英国外交大臣巴麦尊，强调林则徐已经侵害到英国女王与人民的财产。他还建议应该立即出兵大清，以武力的方式来解决问题。由此可见，义律就是想借此将林则徐查禁鸦片的行动，硬说成是对英国的严重侵害，以取得一个武力出兵的堂皇借口，而最终的目的当然还是要牟取最大的利益。

英国拒绝交出林维喜命案的嫌犯，已经导致了中英两国之间十分紧张的局势

（图中对话气泡）
我们英国的司法审判最公平了，犯人不会交给你们的。

抓不到……

林维喜被殴致死　义律拒交凶嫌　中英情势紧张

五月底，一群英国水手在九龙尖沙嘴酗酒闹事，并和当地的村民发生斗殴，在冲突过程中一位名叫林维喜的村民被严重殴伤，并于第二天不治身亡。案发后，英国商务监督义律便私下拿了一千五百银圆给死者家属作为赔偿，还另外付了好几百元打通关系，希望能压下此事。但林则徐认为不能就此轻纵，在查办之后仍是要求义律将凶手交给清政府审问。义律对于清政府严刑取供的审问方式向来就不屑一顾，所以便拒绝把凶犯交出，而是自己在英舰上设了个法庭来审讯此案。到最后宣判时，法庭竟然以殴毙林维喜之英国人主犯遍寻不到，而仅判了五个涉入此案的印度水手监禁六个月、两个月，以及分别罚款十五英镑至二十英镑之处分。而实际上，连那五个印度水手也都没有真的关进牢里，一切根本只是做做样子而已。林则徐为此还找人翻译了西洋律例，在了解西洋法律也是规定案件所在地的国家有审判权之后，他再次要求义律交出凶手，否则将停止供应英国人所需、撤回买办和工役，并限期英国人离开澳门。但态度强硬的义律既不想讲理也完全不愿妥协，为免再次陷于被困的窘境，便带着五十七家英商寄居于货船之上。目前双方情势十分紧张，随时有大打出手的可能。

145

要求补给　四英舰入九龙湾
双方交火　英暂退等候援军

由于大清官方断绝了供应，到了七月底时，退居于船舰上的英商便已因为物资缺乏而快要活不下去了。但英国商务监督义律解决这个危机的方法，并不是以和平的方式重启与林则徐的谈判，而是直接带了四艘战舰强行驶入九龙湾，以威胁的口气，要求大清官方必须在半个小时内提供淡水及其他生活所需，否则便要开火击沉清军船只。面对如此蛮横的态度，林则徐当然严拒所请，而义律也真的就命英舰"窝拉疑"号向停泊于口岸的大清水师开火，早有准备的清军则是立马开炮回击。在激战五个小时之后，双方可说是互有伤亡，最后义律因无法占到便宜，也只好悻悻然地退走了。而英国人原本所烦恼的粮食供应问题，也因为有许多的小蜜蜂（无照营业的民间小船）以高价卖给他们粮食，而暂时得以纾缓。此外，由于英国内阁会议已经形成对大清出兵之共识，正准备向国会做出正式提案，所以义律也决定等强大的英国舰队到达之后再做打算。依此情形来看，英国极有可能在短时间内便会用武力来打开中国大门，以取得更大的经济利益。

英阻商船入港贸易　穿鼻海战清军不敌

由于在虎门销烟之后，林则徐曾经明白表示，只要肯出具甘结（切结保证书）便可以入港贸易，虽然英国商务监督义律不同意，但仍有许多的英国商船为了能够正常地做生意，而打算签下切结以便尽速入港进行贸易。在"汤玛士·葛"号商船背着义律偷偷签下具结开进黄埔港交易后，义律便调来军舰守在海口警戒，以免同样的情形再度发生。但是不久，另一艘"罗伊亚·撒克逊"号货船便也签了具结，并越过警戒线直往虎门驶去。

义律发现后，立刻登上军舰"窝拉疑"号予以追赶。到了穿鼻洋面（广东南沙区与东莞、深圳之间的海面）时，"罗伊亚·撒克逊"号被追上并勒令掉头。但这时水师提督关天培因发现有英船追逐，所以也率领二十九艘水师船舰前往探查。由于关天培所在的船依大清水师惯例挂着一面代表指挥官的红旗，结果英舰误以为清军是依国际惯例悬挂起开战的红旗，为求先发制人，义律便下令英舰向大清水师开火轰击。关天培见状也立刻下令发炮反击，虽然其他水师船只都在打了一两发炮弹之后便逃离现场，但关天培的指挥舰却持续应战，双方开火近两个小时。不过最后英国军舰虽稍受创但无人伤亡，而装备差了一大截的大清水师则是严重受损，不但有三艘舰船当场沉没，还有十五名士兵死亡。

官涌山击退英舰
道光下令断绝英国贸易

英舰于穿鼻洋退回之后，次日又对尖沙嘴北方官涌山的清军营地，先后六次发起了挑衅攻击。但因为林则徐早就于此处设置了炮台，又驻有足够的守军，加上英国船舰上的大炮在仰攻炮台时较为吃力，所以屡被居高临下、占据地利的大清守军发炮还击。英军见无法突破，只好退出尖沙咀海面，将舰队分散于长沙湾、赤沥角等处，并宣布封锁广州口岸。清军在此役虽然扳回一城，但在向清廷汇报时，林则徐以及其他官员却并不了解近代战果统计的方法以至于对战果进行了错误的估计。道光帝旻宁在获得海陆连战皆大胜英军的报告之后，

意气风发地决定严惩这些不知好歹的夷人。于是便下令永远断绝与英国的贸易，并调林则徐为两广总督，要他迅速解决鸦片问题。原本只打算以封锁的手段迫使义律同意具结，尽速让一切回到正常贸易的林则徐，在收到将所有英船驱逐出境，不必再管保证书，亦不必再令其交出凶手的圣谕之后，也只能拒绝义律再次谈判的提议，而走向与英国对抗这一条路了。为此，林则徐还特地从美国旗昌洋行购得一艘排水量一千二百吨的英国商船，并加装三十四门英国大炮，将其改装成战船，同时加紧水陆军的操练，以准备对付英国战舰的再次来犯。

道光在得到连战皆捷的报告之后，决定永远断绝贸易，并企图以此来惩戒英国

第四章

鸦片战争　割地赔款

（公元一八四〇年～一八四九年）

► 英国国会通过侵华提案
　庞大舰队远征东方古国

► 双方议和未有共识
　义律扬言再启战端

► 虎年虎月虎日虎时
　奕经择吉时出战浙江
　英军获情报重创清兵

► 《南京条约》签订
　全照英方所求

公元一八四〇年　　**公元一八四一年**　　**公元一八四二年**　　**公元一八四三年**

► 英军强占香港
　大清向英宣战

► 璞鼎查上场
　英舰队北进
　定海、镇海、宁波相继
　陷落

► 领事裁判
　关税协定
　大清主权正被逐步侵吞

► 耶稣之弟现身
　拜上帝会成立

▸中美签订《望厦条约》

公元一八四四年 | **公元一八四七年** | **公元一八四八年** | **公元一八四九年**

▸天父耶稣相继附身显灵
杨秀清萧朝贵跻身高层

▸洪秀全洗礼被拒
弃广州另觅旧友
冯云山积极耕耘
上帝会广西兴起

▸英国人依约请求入城
粤督不理断然拒绝

▸广西会党遭官军围剿
拜上帝会聚各股残部

年度热搜榜

【道光二十年】公元 一八四○年

英国国会通过侵华提案　庞大舰队远征东方古国

英国女王维多利亚不久前至国会发表演说，强烈指责大清帝国的禁烟事件除了使英商蒙受重大损失外，同时也影响了英国王室的尊严。而内阁也正式向国会提案对大清用兵，并在下议院以二百七十一票对二百六十二票的微弱优势，通过了这一项侵华提案。虽然有少数议员认为鸦片贸易是极为肮脏并违反基督教教义的，但是上议院在权衡利益与道德之后，竟也弃基督教教义于不顾而通过此一提案。于是英国政府便任命海军少将懿律（义律堂兄）为统帅，

YES 271　NO 262

英国女王至国会发表演说，最后以微弱优势通过了侵华提案

指挥印度洋舰队司令伯麦准将其所统率的十六艘战舰、四艘轮船、一艘运兵船、二十七艘运输船，以及布利尔上校所统率的四千名陆军向大清进发。同时也授命懿律与义律为对华谈判全权公使，并以印度总督负责对华行动的监督与布置。

英军抵华封锁珠江口　闪电北上夺得舟山岛

五月底，英国的东方远征军抵达广州，在留下五艘战舰封锁珠江海口之后，懿律便率英舰队主力北上，以避开防御能力较强的广东，准备直上防务废弛的长江口及大沽口。不久，英国舰队抵达厦门，表示要上岸递交"巴麦尊致中国宰相书"，在被拒绝之后，双方便开始交火。虽然英国军舰在相持了三个小时之后便退去，但第二天，却又毫无预警地闯入了定海水域并要求清军献城投降。不肯屈从的总兵张朝发在英舰的炮轰之下，使用大炮回击，但由于装备差距过大，所以没三两下炮台就被

英军轰垮，许多士兵命丧炮火之中，张朝发也因伤重而殉职。随后英军派出陆战队轻松攻占定海城，知县姚怀祥见大势已去便投水自尽。拥有二千六百名兵士驻防，占地五百平方公里的舟山岛，竟然在转瞬之间就被占领，速度之快，也远超英国人的意料。而英军在占领舟山岛与其上的定海城之后，便立刻拆毁城墙，修筑炮台，建造洋楼，准备将控制南北海上航线咽喉的舟山岛，经营成他们的供应与行动基地，以作为北上的中继站，然后压迫清廷不战而降，答应英国所开出的所有条件。

黑的说成白的！

据不愿透露身份的清廷高层表示，最近道光皇帝的心情可真是好得不得了，因为打从清军与英国人正式开战以来，各地便不断传回大捷的消息。这些动不动就是夷人被岸炮轰击落水者不计其数，或是敌舰因战败窜逃并捞获死尸无数的捷报，着实令旻宁振奋不已。不过，记者深入挖掘后发现，这些送到皇帝眼前的汇报，与实情之间颇有差距，可以说绝大部分都是无中生有，或是夸大其词的。官员们把英舰击毁守军炮台，并登岸焚毁营寨、填塞清军所有大炮的火门，然后

各地捷报频传？

回到舰上驶离，硬说成是敌舰在受到清军重击之后败退；还把在海上捡来的洋人帽子，数字乘上十数倍之后，硬当成是砍下来的夷人头颅数量。虽然这种虚报战功的方式，在中国历朝以来皆是如此，拥有优势兵力的谎报者，最后还有可能因为打败了较弱的起义军而得以自圆其说。但是这次遇上武装力量纯然是不同层次的英国现代化军队，要是清军还继续这么玩的话，只怕被捷报冲昏头的皇帝，极有可能会做出一些自取灭亡的决策了。

未逢海上入寇　天津几无防备
英国舰队直指心脏　道光皇帝终于惊醒

懿律六月底又有新动作，在下令封锁宁波及长江口，并让布利尔上校及其所统率的四千名陆军留在定海驻守之后，便与义律、伯麦同率舰队北上，目标则是直指天津。由于大清领土实在太大，所以当清军在广东、福建、浙江等地与英军周旋时，人在北京的皇帝一点感觉也没有。现在夷人竟然即将抵达天津的消息一传来，令不久前还沉醉在捷报喜悦中的旻宁吓了一大跳。天津和北京不过只距几天的路程，而且数百年来，从来也没有人想过敌人竟然会从海上进犯，所以天津几乎是处于一个完全不设防的状态。几十万的政府大军都分散在全国容易发生变乱的地方，天津不仅没有水师部队，炮台也都毁塌多时无法使用，甚至连大炮也尽是些准头很差的过时铁炮。道光帝发现当地的驻防兵士竟不足千人，几乎只够防守一些仓库或监狱之后，心里开始发毛，便特别交代直隶总督琦善谨慎地跟夷人交涉，尽量不要刺激对方，先用哄骗的手法，把英舰弄出大沽口再说。

英国舰队忽然之间打到了天津，让之前还沉醉在捷报喜悦中的道光皇帝震惊不已

英国人含冤求昭雪？　道光允惩林则徐！

七月中旬，由懿律所率领的舰队在清廷的恐慌之中抵达天津白河口，并向直隶总督（地方行政长官）琦善递交了公文，文中不但谴责林则徐的禁烟行为，还以此举造成英方重大损失为由要求清廷割岛、赔款。只是不知道是有意还是无意的，翻译人员竟将文中"要求皇帝给予满意的赔偿"意思的原文字句，擅自翻译成"求讨皇帝昭雪申冤"。这可让原本已烦恼得不知如何是好的道光皇帝，忽然之间出现了解套的曙光。旻宁与幕僚们研究后发现，原来这所有的祸端，都只是因为林则徐得罪了英国人所惹出来的。而英国人之所以北上，并不是要来兴师问罪，而是要恳求伟大的皇帝为他们讨回公道而已。放下心中大石的道光，至此严禁鸦片的态度大转变，便回复英国人说一定会替他们主持公道并重治林则徐的罪，同时任命琦善为钦差大臣赴广东处理后续问题。而此时英国舰队的食物饮水即将耗尽，便向琦善要求准许他们购买食物。一心安抚英国人的琦善，便大方地送了大批食物给这些侵犯大清领土的敌人，说是要表示天朝厚恩之类的，而且还前后送了两次。原本

正愁如何取得补给以继续其侵略行动的英国人这下子可乐了，粮食不但不用买不用抢，敌人还自动送上门来。随后，英方派义律及传教士马礼逊等人至大沽口南岸与琦善会谈。懿律考虑到即将入冬，他的大吨位主力战舰到时恐怕没有办法驶入白河口，而剩下的小型船舰也没有能完全压制清军的把握，所以便答应清廷提出南下继续和谈的要求，而率领舰队离开了白河口。

原来是林则徐得罪你们了，这样好办，我一定替你们做主。

由于翻译上的一些问题，道光皇帝将此次纷争的起因都归咎于林则徐的处理不当

英军余姚失利军官被俘

英国人南返之后，于八月底再度闯入了余姚近海，还对守军主动挑衅。不过这次倒换成清军占了上风，在两相交火后不但强压米字旗，还俘虏了包括英国海军上校道格拉斯、陆军上尉安突德在内的一些英军官兵。但此时道光帝却因为英军已同意南下，而谕令沿岸督抚不得再对南返之英国船舰开火，一切当以守卫为重，勿以攻击为先。所以在

道光拉下林邓裁撤守军

清军获得此胜之后，各沿海口岸的部分防军便依圣谕开始裁撤，不再对英军发动攻击。评论家认为，旻宁天真地认为派琦善南下与英国人商谈便可以解决一切问题，而将屡次阻击英国人入侵的林则徐、邓廷桢给革职，甚至裁撤守军的做法，无疑是自废武功，将整个战略规划给完全放空了。

远征军水土不服　染疾逾三分之一

远征军最害怕的事终于发生了，日前得到消息，英军因为水土不服而暴发了传染病，驻于定海的四千名陆军之中，竟然有一千五百人染疾，还有四百四十八人因此病死他乡，战斗力已急速下降。于是懿律便派人与两江总督伊里布接触，试探停火及交还被俘的海军上校道格拉斯等人之可能性。经过多次会谈之后，双方同意停止军事行动，清方不禁止民众提供英军物资，而英军也不可在超过舟山岛及附近小岛的范围活动。至于英方所提出的

医生，还没有到我吗？感觉快死了……

你还要再等一等哦。

入侵大清的英军因水土不服而暴发了严重的传染病

释放俘房，以及清方所希望的交还定海这两件事，则于日后再另行商议。在完成协议之后，英军便将大部分的兵士与病员撤出定海，只留下少数军力继续在此占领，以作为日后进攻之据点。

沿海督抚奏请添设船炮
小气皇帝只允修补古董

之前奉命前往福建查办鸦片走私的祁隽藻和黄爵滋，会同闽浙总督邓廷桢、福建巡抚吴文镕等人联名上折，认为沿海省份急需添设船炮，才能与英军的船舰相对抗。但一向节省的道光，似乎还没有从英舰已直抵大沽口的经验中得到教训，完全没有弄清楚现阶段的水师及各地炮台根本不足以抵御英国人的进攻，便指示说只要将原有炮船损坏之处予以修复即可，而驳回了另行添造战舰、大炮的请求。军事专家表示，广东、福建、

浙江等地还称得上有防御能力的船炮，都是由林则徐等地方督抚自行筹款建造的，清政府从头到尾就没有把这件事给放在心上。以目前大清的技术水平，如果全力投入船炮研发及制造的话，也不能在短时间之内仿造出先进的战舰大炮。何况目光短浅的道光皇帝为了省钱，只愿修补这些老古董，恐怕以后一旦英军再次入侵，口袋的破洞将会更大。

双方议和未有共识　义律扬言再启战端

英国远征军统帅懿律不久前因病辞职返国，由伯麦继任英军统帅、义律接管外交事务后，英方便向刚抵达广州的钦差大臣琦善提出了议和的十四项条件，包括：赔还鸦片烟价及兵费；偿还洋商欠款；英国人可直接呈递公文给大清皇帝；给予一处如澳门样式的大码头让英国人永远居住；另开六处贸易码头；在北京建造使馆；英国人在贸易码头犯罪由英官自审；贸易码头建造教堂；贸易不由洋商经手；额定出口税银；降低商船费

用等项。但琦善随后照会义律，只答应赔偿烟价六百万两白银，然后加开一处贸易港口。据闻英方对此答复十分不满，已经扬言再次诉诸武力解决。而此时当地的守军已遵循道光帝先前的谕令裁掉了两千人，防御已经明显过于单薄。原本琦善打算要增兵防守，但英国人得知消息之后却又警告琦善，说如果发现清方有增兵行为的话，就不再进行对话而会直接开战。所以琦善也不敢擅动军队，目前可说是陷入一个两难的局面。

英舰强压虎门炮台　琦善口头答应割地赔款

因之前琦善所提出的条件无法满足英方的需求，所以十二月中旬英军统帅伯麦便又率领二十余艘的大小兵船，以一千五百名的士兵，对虎门的大角、沙角炮台再次发起攻击。虽然炮台守将奋力抵抗，但最终仍因兵力及战备均处劣势而相继失陷。此役中英军虽然有三十八人受伤，但反观清军却有二百八十二人死亡，还有四百六十二人受伤，对比可说十分强烈。不过因为英国人还是想要保持贸易的进行，所以并没有继续深入攻击，只留部队占领炮台，然后等候琦善进一步的回应。而琦善在获报之后，也正如英国人所预料的一样，立刻派人接洽议和。极力想避免英国人拿枪扛炮的琦善，最终应允了英国人可以暂时寄居在香港岛的部分地区，并答应代为向皇帝恩奏义律所提出的请求。但没想到义律却于十二月底，单方面宣布已与琦善签订了《穿鼻草约》，并说双方已达成割让香港、赔偿烟价六百万银圆、中英平等外交、广州恢复贸易、英军退出大角及沙角炮台等几点共识。不过据记者了解，事实上琦善最后并未在此约上签字，而清廷也没有承认此项约定。义律之所以这么做，无非是想以此为借口，在明年初出兵强占香港岛。

军事装备悬殊　宛若不同时代

军事专家指出，在英军强攻大角、沙角的战役中可以明显发现，两军的配备简直就是分属于不同的时代。英国士兵手上拿的是燧发式的滑膛枪或来复枪，而清军手上拿的却是长矛、弓箭和藤牌，鸟枪士兵拿的也是早就在西方战场被淘汰的火绳枪。英国军舰上的新式大炮，射击又准又远，还装有杀伤力极强的开花弹。而清军由手工铸造的旧式铁炮，锻铸件上满布蜂眼，炮膛更是完全没有经过精确的计算。火药装少了打

中英双方的军事装备悬殊

不出去，装太多还会自爆伤到自己。虽然清军也有几座装有瞄准镜的西式大炮，但却因为士兵缺乏训练而无法在战场上发挥实战效用。难怪英国士兵一直说清军的炮弹刚打出炮口便会落地，还推荐大家一定要看看那些企图以画了虎头的藤牌来抵御枪炮的清军士兵被他们击倒时的模样。

英军强占香港　大清向英宣战

　　今年刚过完春节，英军便以迅雷不及掩耳之势，出兵强占了香港岛。而道光帝旻宁在得知英军于去年攻占大角、沙角两炮塔之后，也决定对英国宣战，并命伊里布立即出兵收复定海，另命奕山为靖逆将军，以户部尚书隆文、湖南提督杨芳为参赞大臣，驰赴广东督办军务，同时调动各省兵士一万六千名前往支援。

释俘还城仍谈不拢　双方再战无可避免

清廷在不久前才命伊里布出兵收复定海，但才过了没几天的时间，便又以伊里布没有作为，而令其回调两江总督，另派裕谦为钦差大臣至浙江专办攻剿事宜。而在广东方面，原本琦善已经和义律约定好，在清方释放战俘、英方归还定海之后，双方便正式签约。

但几天后当双方都已经完成承诺，琦善却因为收到清廷已向英国宣战的通知，而以生病为理由迟迟不肯签约。但义律也不是那么好摆弄的角色，在发现琦善有意拖延之后，便立即命英舰进发，于二月初驶入虎门并焚毁盐关，看来双方的再次战斗已无可避免。

洋舰攻陷虎门炮台　直入珠江进逼广州

虽然琦善最后并没有真的在和约上签字，但与英国人私下接触这一件事，却成了他被革职锁拿并籍没家产的主要原因。而琦善惹怒的还不只是皇帝老子，连英国人对他的拖延伎俩也不买账。二月五日当天，英军便从横档登陆，向虎门诸炮台发动攻击。尽管提督关天培率领部属顽强抵抗，但第二天虎门炮台仍被英军攻陷，关天培也在此役中壮烈战死。这一仗打下来，清军总共丢失了三百八十门大炮，还有数百名官兵阵亡，而英军方面却只有几艘船舰的桅杆和帆具受到破坏。在获得压倒性的胜利之后，英军又乘势进攻，在二十天之内，又相继攻陷了七座炮台。于是英舰如入无人之境般驶入珠江，进逼广州。到了二月二十六日，义律向杨芳发出照会，声称只要清方能优待外国人并恢复通商，英军就会撤军并停止所有军事行动。而深受清廷倚重，身经百战的白胡子老将杨芳，在抵达广州接任军务之后，发现各项战备根本没有到位，于是同意了义律的要求，恢复了广州的通商贸易作为缓兵之计，争取备战的时间。

为了破解洋人大炮百发百中的妖术，杨芳下令在广州城内大量收集女人的尿罐来破敌

洋人大炮既远又准必有鬼　杨芳征集尿罐亵衣破妖术

　　在停战的这段时间里，不但英军忙着修补军舰帆具并补充弹药，清方也是自四川、湖南、湖北等地陆续调来部队，并同时修筑炮台、加铸大炮以增强战备。但在杨芳亲督水师操演大炮，以及在江岸大筑沙城的同时，记者也得到一项确切消息，就是拥有多年对付起义军经验的杨芳，从来没有看过大炮可以打得像洋人这样既远又准的，所以他认定其中一定有什么妖法。为了破解洋人的邪恶法术，他下令在广州城内大量收集女人用的尿罐，以便在将来开战时将其开口转向英军，以作为破解之道。这妙招宣布之后，各界不但踊跃贡献尿罐，甚至还有一些风尘女子，也愿意捐献她们的贴身内衣裤，来协助杨老爷破解洋人的暗黑妖术呢。

靖逆将军突袭反溃败　广州和约赔银六百万

　　皇帝授命专门前来剿灭英军的靖逆将军奕山于三月抵达广州之后，义律便先发制人，在闰三月下旬趁着河水高涨之时，把军舰驶入了内河之中。而已经被旻宁多次催促进军的奕山，在发觉英军的动作之后，也决定立即予以反击。奕山调集了一千七百名兵士，于四月一日分兵三路，以火攻突袭停泊在白鹅潭上的英船。但由于清方的整个行动计划决定得过于仓促，所以并没能对英军造成太大的伤害。反倒是第二天，当英军一发动反攻，前来接仗的清军便立即溃败散逃，还在溃逃时顺便将洋行给洗劫一空。几天后，英军逼近广州城下，原本意气风发的奕山，只好派广州知府余保纯向英军乞降，并于次日签订了《广州和约》。和约中明白约定，奕山及外省调援的部队，必须在六日内退出广州城六十英里以外，并于一周内赔偿清兵毁坏洋行之损失，同时向英国政府赔款六百万元（相当于四百二十万两白银），其中一百万元必须于当日预付，而英军则会在所有赔款都收到之后，依约撤出虎门。

残暴英军误捅了马蜂窝
三元里民众战胜正规军

　　占领四方炮台的一小股英军，不久前流窜到广州以北的三元里附近骚扰当地百姓。这一批恶劣的英国军人，不但强行抢夺民众的财物、牲畜，甚至还做出挖坟盗墓、性侵多名妇女的龌龊行径。当地族人受到侵害、祖坟被人掘开，这口气是怎样也咽不下去的。结果被激怒的村民群起反抗，拿起锄头镰刀把入侵的英军痛殴了一顿，还造成数名士兵的伤亡。事后，三元里居民害怕英军会回来报复，便集结了附近一百零三乡的民众共一万余人的力量准备力抗英军。第二天，英军果然如预料中一样前来，三元里的民众且战且退，将英军给一步步地引诱到了附近的丘陵地带。不熟悉地势的英军就这样陷入无法行动的烂泥地之中，并被如蜂群般涌至的民众分割包围。加上又时值大雨，英军的火器全被淋湿而无法发挥应有的战斗力，只能被迫与愤怒的民众进行近身肉搏。在伤亡数十人之后，这批捅了马蜂窝的英军才狼狈地逃到四方炮台死守，而放眼望去周围则全都是数也数不完的愤怒民众。最后由于英方威胁当地官员，说如果不解散这些武装民众的话，那这些攻击英军的行动便会被视为是清政府所认可授权的，而英军也将不承认双方的和约并继续之前的攻击行动。奕山等官员为了避免好不容易用四百二十万两白银以及屈辱买来的和平就这样没了，便让广州知府余保纯在第二天出面去向乡民好言劝解，之后民众才渐次散去。

十分会编…… 奕山打仗不怎么行　编起故事无人能敌

清廷日前批准了奕山所提出与英协议停战的奏折，不但答应恢复与英商之间的贸易，还拨款赔偿给英国政府。不过，据可靠消息来源，道光帝之所以会批准奕山之请，是因为被英军打得灰头土脸的奕山居然隐瞒了停战协议的签订，然后向清廷谎报说在战斗中英勇地击沉了英舰，还说他传谕三元里的民众向英军发动攻击，打了个大胜仗。而对于需要赔偿的六百万元（相当于四百二十万两白银），则说成是当地商户积欠英国人的款项，但因为商户在自行筹措之后还短少二百八十万两，所以请准由政府拨款补足。为了迎合皇帝的胃口，奏折中还谎称英国人在对战后，把武

器投掷于地，然后深深地向城中恭敬行礼，卑微地请求皇帝替他们主持公道，帮他们追缴商欠款项并准许通商，以便让他们可以早日退出虎门并交还各炮台，也保证从此以后再也不敢滋事。屁股被抬得老高的道光皇帝，于是便慷慨地同意先由政府代为拨款垫付，以让广东早日恢复平静。同时由于英国人已经认错悔改并保证不会再犯，所以便将各地调驻广东的守军一一裁撤，以节省军费。

台风来袭　阻断义律北征计划

六月初袭击广东的强烈台风，虽然造成了当地居民及驻香港英军的严重损失，却也意外地阻止了一项军事侵略行动。据记者所得到的内幕消息，不久前从广东当局手中敲诈了六百万元赔偿金的义律，原本是想把这笔钱拿来当作举军北征的军费，以换取更大的利益。就在主力舰队即将出发的同时，忽然袭来的强台风却把整个计划全给打乱了。停泊在香港的英军舰艇以及许多为牟私利而投效英军阵营的清方私人船只，都因此次的风灾而受损严重，人员也多有伤亡，使得义律这次的北征计划就此破灭。

璞鼎查上场　英舰队北进
定海、镇海、宁波相继陷落

英国外交大臣巴麦尊在得悉之前义律与琦善讨论的《穿鼻草约》内容后十分不满，认为义律在谈判时要求的利益太少。而义律原本要借着北征以索取更多利益的意图，也因为被台风所阻而未能即时展现出成果，所以巴麦尊便下令召回义律，改派璞鼎查为全权大臣兼贸易监督。态度更为强硬的璞鼎查抵达大清不久后，之前因台风受损的军舰也一一修复完毕，于是他便在七月上旬让五艘军舰留守香港，然后率领装配了三百多门火炮的十二艘军舰、四艘轮船，以及二千五百余名陆军向闽浙一带进犯。先是轻松地攻陷了厦门，又于八月中旬再一次拿下定海，在稍作休整之后，又兵分三路向镇海发动猛攻。最后在清军数百人阵亡，大量无辜平民死于炮火，而英军只有三死十六伤的悬殊比数之下，镇海终于宣告失陷。镇海丢失之后，由于宁波已无险可守，英军舰队便溯江而上，对宁波进行军事侦察行动。负有守疆卫土之责的浙江提督余步云，

英国在改派态度强硬的璞鼎查为新任驻华监督后，已连续攻下多个沿海要城

抵挡不住英军的攻势只得转身逃跑，使得英军进占宁波。目前清廷已令奕经为扬威将军，驰赴浙江督办军务，而英军方面也决定先将军队停驻在定海、镇海、宁波过冬，等待明年更多的援军抵达时，再进行下一波的军事行动。

钟勤王湖北举反旗

数年前因得罪权贵被罢黜功名，并被发配到孝感的生员钟人杰，不久前潜返乡里，刚好遇到民众抗粮起哄的事件，于是便借机聚众起事。结果在很短的时间内便攻克了崇阳、通县等地，并自称为"钟勤王"，树起了都督大元帅旗。目前附近的反政府人士正陆续往崇阳聚集，已经快速地增加到了一万余人。

年度热搜榜

【道光二十二年】公元一八四二年

英舰犯台搁浅　洋人上岸被俘

一艘搭载了二百七十四名官兵的英国运输船，在去年（一八四一年）八月驶往浙江洋面时，因遭遇风浪而进入基隆避风。只不过这艘船躲过了风暴，但却因为对该水域不熟而误触礁石，而最终难逃沉船的命运。过程之中有一半的人溺死，剩下奋力游到岸上的一百三十三人则被当地的大清守军所俘虏。一个月之后，英军为了索回被俘人员，便派出一艘配有重炮的战舰进犯基隆，并炮击二沙湾炮台。而台湾的守军也奋勇还击，与对方持续战斗到第二天，终于让得不到便宜的英舰悻然离去。不过这可没有让英

咳……咳……终于游上来了。

得救了……

……

英舰因触礁搁浅而沉没，许多挣扎上岸的士兵都被清军俘虏

国人完全放弃，到了今年正月，三艘英国兵舰便又再次进犯。台湾镇总兵达洪阿与台湾道姚莹又利用英军对水道不熟的弱点，设计将其诱入大安港之中触礁搁浅，生擒四十九名敌军并缴获部分炮火军械。

政府军扫平湖北动乱

去年底在湖北一带号称"钟勤王"的起义军，在清廷从各处调来强兵之后，原本占领的崇阳便很快又吐了出来。接着政府军展开强力扫荡，很快便抓了起义军的领袖钟人杰，也在很短的时间内将这一次的动乱给完全平定了。看来政府军虽然在遇到洋人的战舰大炮时灰头土脸，但对于关起门来打自己人这件事，还是挺在行的。

虎年虎月虎日虎时

奕经择吉时出战浙江　英军获情报重创清兵

扬威将军的奕经在去年（一八四一年）九月受命驰赴浙江抵御英军之后，经过了四个月沿途淫娼酗酒、贪财索贿的缓慢行程，终于在今年初抵达绍兴。但奕经备战的重点，不是武器粮草，也不是战略兵法，而是执意要在正月二十九日上午四时这个时间点发动攻击。而之所以选定这个时间，唯一的原因竟然是他从某位高人那里得知，只要在这样一个"四寅期"（壬寅年、壬寅月、戊寅日、甲寅时），也就是虎年虎月虎日虎时行动，就一定会取得空前的胜利。于是奕经便在尚未做好充分准备，战略也没有经过谨

慎沙盘推演的情况下，就调集了一万多人兵分三路，对定海、镇海、宁波的英军发动夜袭。不过军中有许多英国人花钱布下的耳目，使得英军早已获得情报并做足了准备。原本想一举歼灭敌军的清兵，最后竟然在只杀死一名英军，而自己却伤亡近六百人的悬殊比数之下被击溃。数日后，英军更发起强力反击攻占慈溪，而一开始虎虎生风的奕经，也只好虎头蛇尾地败走杭州。由于战况不如预期，目前清廷也只好再紧急任命广州将军耆英为钦差大臣，代理杭州将军职务，赶赴浙江主持军务。

扬威将军奕经坚持要在所谓的"四寅期"对英军发动攻击

超快！超级快！
新的纪录出现了！

136 2

上海守军在得知友军被歼灭后，以惊人的速度扔下军备掉头就跑，英军兵不血刃轻松入城

乍浦坚守不敌洋炮
士兵战死妇女自尽

　　英军在击溃奕经部队之后，决定继续北上对清廷施压，于是便陆续将宁波、镇海的兵力抽调回来，然后集中力量于四月九日对乍浦发动攻击。清军虽然在此地布有七千名重兵防守，但却因为防御工事过于简陋，在顽强抵抗之后仍告陷落。不过，这一仗清军却一反未战先逃的常态，打得十分惨烈，有好几处的部队都是坚守不退，一直打到被敌军全数歼灭为止。也由于这样的誓死抵抗，让这场战役的战死清军人数多达上千人。更惨烈的是，在城破之前，乍浦全城更是掀起了自杀的风潮。不但许多守土失败的士兵集体自尽，还有士兵跑回去含泪杀死全家再自我了断的，更有数以百计的妇女，为免城破之后贞洁被洋人所辱而自杀身死。满眼的断壁残垣，满地的尸体血渍，加上不绝于耳的哭泣悲鸣，就是现在乍浦的真实景象。

吴淞炮台顽抗全阵亡
上海守军逃跑丢重镇

　　英军在夺下乍浦之后，并没有派兵留驻，而是全军继续北进，于五月上旬将战船又开进了长江口。这时从新加坡前来支援的数艘战舰也同时到达，于是英国舰队便开始对吴淞炮台发动猛烈的轰击。身为商业重镇上海藩卫的吴淞炮台守军，面对具有完全优势的敌军，仍是坚守岗位顽强抵抗。只是意志力毕竟挡不住炮弹，在英军狂轰滥炸之下，炮台终于在守军全数阵亡之后宣告陷落。而紧临其后的上海，虽然有着坚固的防御工事和将近两百门大炮可以与敌人一较高下，但在得知吴淞炮台陷落的消息之后，两千余名的守军便被吓得扔下所有军备掉头就跑。第二天，英国人就这样兵不血刃地占据了上海，同时也扣留了江中数百艘的货船。

一人分饰传教士、毒枭、间谍三种角色的郭士立，为英军的侵略起到了非常大的作用

政府军血战丢镇江　郭士立一人饰三角

在上海陷落之后才一个月的时间，英军便又摆出六十五艘军舰，以及将近七千名兵士的实力，对镇江发动了攻击。虽然各地前来支援的清兵奋勇顽抗，在激战两天之后，守军伤亡过于惨重，英军依旧攻入城中。此役中，清军方面阵亡二百三十九人，失踪六十八人，还有二百六十四人受伤。而英军则是阵亡三十九人，失踪三人，另有一百三十人受伤，可说是英军开战以来伤亡最严重的一次。镇江陷落之后，英国人又如同去年（一八四一年）占领宁波时一样，授

权传教士郭士立接管该城。之前郭士立就是坐在宁波知府的官椅上，下令强行搜括城中的富户，并随意押人勒赎。这次，郭士立虽然下令开启北门让民众可以出城，但所携带的财物则全部被英国人给收缴了。不但如此，据说他还纵容英军及印度兵烧杀掳掠、性侵妇女，真不知道一个传教士为何可以做出这样的事。更早以前，郭士立在阿美士德号船上，也曾为英国的侵略进行情报收集，还涉嫌鸦片的走私。

168

一《南京条约》签订　全照英方所求 一

　　耆英在收到旻宁全力与英国人完成和约的密谕之后，便开始积极与璞鼎查接触，最后在七月二十四日答应了英国人的全部要求，在南京签订了条约。据官方不久前所发布的新闻稿，条约中的主要内容有：割让香港；开放广州、福州、厦门、宁波、上海五处通商口岸；英国可在以上五处派设领事以管理在华英国人；大清需赔款二千一百万元；议定英商应纳之税率，今后不得随意更改；废除公行制度，开放自由贸易；中英双方官员平等往来等项。但是，对于引发此次战争的主因，即鸦片贸易的问题，却在条约中只字未提。通常在国际惯例中，停战和约一定会清楚地交代要如何去处理引发战争的纷争之处。而这次双方都没有提及，毕竟这件事中，英国充当了一个极不光彩的角色，所以大清不说，英方便也不提。而对大清来说，为了禁烟而打了个大败仗，那更是丢脸至极，所以便也假装没有这件事的存在。

《南京条约》一经签署　皇帝驳回造舰计划

　　旻宁竟然以签了《南京条约》之后将不再打仗为由，而驳回造舰制炮的重大国防计划。国际情势专家指出，如果道光皇帝只是抱着条约签订之后便可以长保和平的心态，而不知道要卧薪尝胆以雪前耻，加强武备以求御敌的话，只怕这种软弱且盲目的态度，将会变相地鼓励英国甚至其他有野心的国家，开始扩大对大清的侵略。而战前作为商品贸易的通商口岸，从今以后，不但变成双方不平等的贸易据点，还有可能会成为洋人从事各种侵略活动的通道，大清也将从此永无宁日。

……

你不是喜欢那个马尾妹吗？真的不用去约她吗？

放心啦，我们读幼儿园以前在玩过家家时，她就答应要嫁给我了。

道光天真地认为和洋人签约之后便可永享和平

由于之前英舰进犯台湾时，先后两次都因不熟航道而触礁沉没，使得前后共有一百八十二名船员兵士被清军俘虏。在双方签约停战之后，璞鼎查又向清方要求交还所有的俘虏。但是因为之前台湾的官员已经奏准，把除了头目外的一百多位俘虏给全部正法了，所以到最后英方只索回了十一个人。这样的结果令璞鼎查十分不满，他便向清廷提出抗议，要求将肇事的官员正法谢罪。在强大的压力之下，清廷也只好将没有任何过失的台湾镇总兵（军事指挥官）达洪阿与台湾道（地方行政长官）姚莹给革职逮问。虽然法界人士预料最后应该不至于将二人处死，但整场鸦片战争打下来，在初期能有效克敌的林则徐、邓廷桢，以及在后期击退英舰的达洪阿、姚莹都相继遭到革职处分，实在令人感到格外悲哀。

广州反英情绪高涨　英国人被殴不敢进城

长久以来行动一直被局限在商馆区的英国人，在《南京条约》签订之后，便迫不及待地想要享受条约所带给他们自由出入广州的新权利。于是一时之间，英国商人无不争先恐后地雇了轿子，有些还公然带着娼妓，就这样招摇过市。而战败之后，民族自尊心严重受挫的广州民众，对英国人的仇恨日益加深，现在又看到英国人这种嚣张的气焰及不堪入目的言行，反英情绪不断沸腾起来。十一月六日那天，英国商馆的人外出买食品，不但不付钱还与商贩发生争执，之后还回到商馆内纠集英国人持枪回来寻仇。结果意外地激起民众声援对抗，而随着围聚的人越来越多，情况也逐渐开始失控。积怨已久的民众愤怒地包围了商馆并强行冲入，在捣毁馆内的东西之后，还有人纵火焚烧英国人的楼馆。官府虽然派兵前来平定暴动并救火，但由于现场的民众实在太多了，所以什么事也做不了，一直等到第二

天大火熄灭之后，民众才渐渐地散去。事后璞鼎查向清方提出强烈抗议，以再次动武为威胁要求赔偿惩凶。最后几经斡旋，清方才终于以赔款了事。随后官府也贴出布告，要求当地民众不得再行滋扰洋人。不过实际的情况却不是官府一纸文书可以掌控的，虽然英国人依法可以入城，但只要城中一出现洋人，当地居民便会起哄群集，以竹竿、长鞭或赤手空拳，群起而上将洋人痛殴一顿。所以目前英国人根本不敢进城，只能就此问题继续与大清官方积极交涉。

年度热搜榜

魏源巨作问世 《海国图志》编成
辑录最新世界地理人文科技

之前林则徐担任禁烟钦差大臣时，为求更好地了解西洋各国的背景资料，特命人将一本洋人的著作《世界地理大全》重新编译成《四洲志》一书。但此书还来不及出版，林则徐便因鸦片战争而被遣戍伊犁，只好将已完成的书稿全部交给好友魏源，希望他可以继续完成这件具有划时代意义的事，让清政府及人民可以对西方国家有更多的了解认识。于是魏源便

魏源的《海国图志》开拓了清朝人的世界观及视野

这学期开始，我们要加修外国地理。

啊……都已经读不完了……

Yes!

以这些书稿为基础，又收集了更多的世界地理资料，经过一年的时间，编撰成了初版五十卷的《海国图志》，并在扬州刻印出版。在这部书中，魏源除了告诉国人我们所居住的地球是一个球体，全球分为五大洲，而大清只是其中的一部分外，还分别叙述了数十个国家的地理、人口、政治、历史等概况，更介绍了美国的总统，以及欧洲重女轻男等怪异的风俗。《海国图志》不但传达了最新的世界地理概念，介绍了西方先进的科学技术及新式战舰、火器、练兵法等知识。魏源还在其他著作中提出了"师夷长技以制夷"的思想。作者同时也表示，未来将继续增补本书的内容，可能会以一百卷为最终目标。

国库存银短缺九百万两

> 您这几张卡全都刷爆了哦……请问还有别的卡吗?

> 这……这……借书证可以吗?

国库存银从乾隆晚年的八千万两结余，花到现在竟然已经出现了九百万两的亏损

近年来由于天灾频传，又屡屡用兵平定国内的反抗势力，加上一场鸦片战争下来又赔给英国人不少钱，使得国库开始出现库银不足的现象。户部库银从乾隆五十六年（一七九一年）的八千万两结余，弄到现在变成亏损了九百多万两。除了应付洋人的军舰大炮外，如何去填补这个财政大洞，已经成了政府最伤脑筋的事情了。

领事裁判　关税协定　大清主权正被逐步侵吞

在《南京条约》议定开放广州、福州、厦门、宁波、上海五处贸易口岸之后，日前政府公布了相关的《中英五口通商章程及税则》。在这份较为详细的文件中，明白规定了在华英国人享有"领事裁判权"。也就是说，从现在开始，只要英国人与华人之间有任何的官司诉讼，则依英国法律由英国领事馆加以审判裁定，清政府对此将无权干涉。另外，英商在大清出口的货物关税，经双方协议之后已经将税额定为百分之五，开了大清与外国协定关税之先例。从此大清国将无法再自己决定要收多少关税，不管是利用关税来增加国库收入，还是利用关税来保护国内的产业，都变成一项不可能完成的任务。因为虽说是共同商议，但当你打输了的时候，哪还有什么谈判空间，只怕最后还是得被牵着鼻子走。不管是"领事裁判权"还是"关税协定"，都已经严重地侵犯了一个独立国家的主权，更方便了帝国主义进一步地侵吞大清的领土、治权以及经济权益。

耶稣之弟现身　拜上帝会成立

今夏，有一名自称是上帝幼子、耶稣之弟的人，在广州附近创立了"拜上帝会"吸引民众入教。记者透过关系找到了这个拜上帝会的创始者洪秀全，据他本人的说法，他是上帝爷火华（耶和华）的小儿子，耶稣的幼弟，是上帝专门派到这世上来带领众人的。但资料显示，洪秀全本名洪火秀，原本是广东花县的生员（秀才，具有乡试资格的知识分子）。在道光十七年（一八三七年）参加考试第三度落榜时，因承受不了压力而崩溃生了一场大病。在昏迷中，他梦到一位白袍老者告诉他，说他奉了上天的旨意到人间来斩妖除魔。不过病愈之后他仍是继续准备应试，

一直到今年榜单上又没有他的名字后，失意的他无意中翻阅到了基督教宣传品《劝世良言》一书，才终于明白了自己的"身世"及任务。为了避开上帝"爷火华"之名讳，他把自己名字中的"火"字去掉，然后取"人王"的字形加了个"全"字，改名成洪秀全，成立了拜上帝会。不过，由于广州地区接触外国文化较早，上帝、基督等教义对当地人来说并不陌生，所以一般民众对于他是耶稣之弟的说法接受度并不高，也没有几个人加入这个拜上帝会。或许，洪秀全只得转移到较落后、民智尚未开启的地方去传教，才比较有机会吸收到信徒吧。

大雨连月　黄河决口　河南直隶受灾严重 ————

由于今年夏天已经连续下了一个多月的雨，黄河的水位不断高涨，最后在中牟地区决口，堤坝一口气坍塌了三百六十余丈，邻近的十几个州县全都被无尽的大水给淹没了。不久后，直隶地区的永定河也跟着决口，目前大水已经淹没了二十余里之广，受灾百姓陷入一片愁云惨雾之中。

鸦片战后未思求变　国家未来令人担忧

据可靠消息来源，日前耆英向道光皇帝进呈了一把最新式的英国火枪，并建议政府予以仿造，然后大量配发以提升军队战力。不过，旻宁在把玩之后虽然爱不释手，但却仍然驳回了仿造的要求。之前广东省也曾建议拨款建造轮船和火炮，但一向节俭的道光皇帝当时也是认为没这个必要而否决了这项提议。国际情势专家认为，鸦片问题固然是这次战争最直接的导火线，但其实在大清与西方各国接触后，局势的演变却使得中英之间的武力冲突早

已不可避免。就算今天不以鸦片为由开战，明日还是会以其他的原因发生冲突。因为早就已经工业化、国势正如日中天的英国，绝对不可能长期忍耐大清对于贸易上的限制。而大清也毫无可能会放弃天朝上国的思想，改变所谓的朝贡贸易。所以到最后，英国为了打破这种现况，一定会挟其全球海军第一强国的力量对大清国用兵。而双方在科技与军事实力上的悬殊，也使得成败早已成为定局。但令人叹惜的是，清廷未能在这次沉痛的打击中清醒过来，在鸦片战争战败之后，竟然没有一丝革新求变的企图，天朝上国的心态没变，短视逃避的习惯未改。集大权于一身的皇帝只将这次的战败视为单一偶发事件，而不替未来规划准备的想法，已经把整个国家推到火坑的边缘了。

著英在与璞鼎查签约时，因未能深思条约字句内容而严重损害了大清的权益

片面最惠国待遇　英舰五口岸停泊
补充条款词句未深思　几行文字严重失权益

著英与璞鼎查于八月中旬，在虎门签订了《南京条约》的补充条款。这份被称为《虎门条约》的《五口通商附粘善后条款》中，同意让英国享有"片面最惠国待遇"。也就是说，日后大清政府若给了其他国家任何权利的话，英国都可以自动升等，同享这些权利。学者指出，片面最惠国待遇一旦确立，日后与其他国家签约时，恐怕无法避免被其他国家所援引。到时所有国家都有了这项优惠，各国在华权益的不断扩增将是一个灾难。另外，和约中也规定英国人可以在五个通商口岸租地建屋，永久居住，并享有"领事裁判权"。同时著英为了让英国领事可以更有效地约束英国人，竟然同意每个口岸准予停泊一艘英国军舰。而且还载明在此官船将离去的同时，可以由另一艘前来接替。意思就是，官方已经同意英国战舰航行并停泊于大清的港口，而且可以让另一艘前来接替的船也同时存在。但如此一来，善于诡辩的英国人便会开始钻法条漏洞，毫无顾忌地任意增加军舰的数量，大清的船只、港口，以及所有的军事设施，将完全暴露在英国军舰的炮火威胁之下。

175

年度热搜榜

【道光二十四年】公元一八四四年

中美签订《望厦条约》

可以请他们不要在我的房子里打架吗？

依规定你是没有权力加以干涉的。

　　美国政府在得悉大清与英国之间签订了《南京条约》之后，为了能够像英国人一样可以在新的口岸做生意，便派顾盛为公使来华商谈，希望能享受和英国人一样的待遇。而两广总督耆英果然也没有让远方的贵客失望，五月中旬便和顾盛在澳门附近的望厦村签订了《望厦条约》。秉于对待夷族一视同仁的立场，清方在这条约中规定美国可以获得中英《南京条约》及附约中，除了割地及赔款外的所有特权。条文还规定，将鸦片正式列为违禁货品。不过，在"领事裁判权"一项中，耆英又做出了一些让步，条文规定不仅美国人与清朝人之间的司法案件大清不得干涉，连美国人与其他外国人的诉讼，大清也都将不得过问。未来不管这些外国人在你家里做了什么事，大清都没有任何过问的权力，一切只能交给洋人去裁决了。

美国欲赠军事新知　耆英轻信和约婉拒

　　据闻，由于这次签约的结果令美国方面非常满意，让他们不费任何心力，便取得了巨大的商业利益，所以美国公使顾盛在签完约之后还想送耆英一些新式大炮的模型、许多关于现代陆海军战术战略以及防御工事的书籍。虽然顾盛表示这类知识将对大清具有极大的价值，可以让大清的军备迅速提升，但耆英却认为既然中英之间的《南京条约》已经签订，相信以后再也不会发生战争，于是便辞谢了所有的礼物。军事专家认为，清政府一再轻信和约的魔力，而忽视这些可以提升国防科技与军事实力的大好机会，势必在这场已经落后的军备竞赛之中，输得更为彻底。

趁火打劫　法国也来签条约

继英、美两国先后与大清签订条约之后，法国政府也不甘落后，派遣专使剌萼尼抵华商谈，然后于九月中旬在法国停泊于黄埔的军舰上，与两广总督耆英签署了《黄埔条约》。在此条约中，一样让法国享有了"五口通商""协定关税""领事裁判权""片面最惠国待遇"等诸项特权。另外还准许法国人在通商口岸兴建教堂，并明定大清负有保护之义务。评论家指出，由于法国每年来华的商船总数只有一两艘而已，所以剌萼尼此次前来谈判的重点原本就不在于开放通商，而是另有目的。法国一口气派了八艘军舰前来，要求取消对天

主教的禁令，让传教士可以在通商口岸自由传教，同时又企图以武力恫吓并提出进京、互派使臣，以及准其占据琉球、虎门之要求。从这些情况和要求来看法国的真正目的其实是在于取得领土的割让。不过，这次耆英似乎并没有被这八艘军舰给吓到，所以除了应允法国与英美适用相同的贸易条件外，并没有答应这些额外的要求。而法国本身也因为阿尔及利亚（位于北非地区）方面的战争正在进行，没有余力再与大清发起另一场战争，所以也就没有对割让土地一事继续坚持了。

法国在看到英美都与大清签了肥约之后，也跑来插上一脚

年度热搜榜

【道光二十五年】公元一八四五年

地震台风袭台　三千多人丧命

今年对台湾来说是多灾多难的一年，先是正月时彰化地区发生大规模地震，造成四千二百余户房屋倒塌，以及三百八十余人死亡。就在政府的抚恤工作还没完成的时候，六月又遭到强烈台风的侵袭，造成三千余名沿海居民被淹死的惨剧。

上海官员自动奉上　英国租界正式成立

原本在之前与英、美、法等国所签订的条约之中，规定了洋人只能在五处通商口岸建屋居住，并享有领事裁判司法案件的权力。但是当英国首任驻上海领事巴富尔赴任后不久，苏松太道宫慕久便因害怕清朝人和英国人杂处、滋事而影响个人仕途，于是便主动向巴富尔提议，把黄浦江河滩上的无人居住土地，租借给英国，作为英国人建房及居住之用。于是双方在十一月，签订了《上海地皮章程》，正式将上海界内的一块约八百三十亩的地区划为英国租界，让英国人可以有一专区租地盖屋并集中管理。不过也有评论家提出警告，未来必须提防英国人以各种理由，强行将租界的管理权占为己有，或是利用租界来进行一些对大清不利的行动。

英国正式在上海取得租界地

年度热搜榜

【道光二十六年】公元一八四六年

长官只出一张嘴　出错又是下属扛
广州反英运动闹大　知府刘浔替罪丢官

虽然在政府与外国人签的条约中明文规定，洋人享有进入各通商口岸并建屋居住的权利，但许多地方的百姓士绅，说什么也没有办法容忍这些怪模怪样的夷人，大摇大摆、态度嚣张地踏在祖先留下来的土地上。这种情形又以广州最为严重，去年（一八四五年）底还掀起了一波反对英国人进城的运动。由于事情闹得很大，到最后还得由两广总督耆英与广东巡抚黄恩彤出面，联衔张贴禁止绅民阻挠英国人进入广州城的告示。广州知府刘浔也在两人的指示之下，与英国人商定可以进城的时间。但官员与洋人接触这件事，却意外地被地方人士得知。消息传开后，一时之间乡民们愤怒异常，数千民众群集在知府衙门前面大声抗议。随后失控的民众不但冲入府衙之中，还一把火把知府的朝珠、官服全都烧了，刘浔慌忙之间狼狈地从后院翻墙逃出。事后，耆英与黄恩彤不敢与高涨的民意冲突，也不敢出来扛责，便在日前找了些借口把刘浔当作替罪羔羊，奏请将其革职了。

—澳门马礼逊学院资助　容闳三学生赴美留学—

千百年来，都是周围的蛮夷之邦派人到大清来学习文化，如今情势逆转，西方各国的知识水平早已凌驾于这个古老的泱泱大国之上。于是接触与吸收西方新知，现今变成极为重要的一件事情。通过书籍的翻译固然可以促进文化的交流，但如果能有学生前往外国留学，在完全不同的环境中培养世界观，将来回国之后对整个国家的发展一定有更大的帮助。今年底，在澳门马礼逊书院就读的容闳、黄宽及黄胜三个学生，就获得了这样的机会。该校校长勃朗夫妇因病准备返国，在临行前便决定带这三名优秀的学生前往美国留学，并由书院资助所需的费用。容闳等人不但成了大清第一批海外留学生，也成了大清培育未来希望的第一批种子。

大清将沦为第二个印度？美使对英国人野心有所警觉

据可靠消息，美国首任驻华公使义华业在日前抵达广州后不久，便向美国总统及国务卿提出了一份报告。义华业从英国人对大清主权恣意践踏的种种行为，研判英国极有可能是想把中国变成像印度一样的殖民地。如果英国的计划得逞，就势必对其他国家在大清的利益造成极大的影响。所以他在报告中强烈建议，希望美国政府可以采取实际的行动，联合欧洲其他国家，尤其是法、俄两国，一同出面来制止英国遂行这样的野心及阴谋。

年度热搜榜

外国人口贩子大赚黑心钱　本土华工遭拐骗塞满货舱
环境恶劣　九死一生

　　满载货物的洋船从厦门离港不是什么新鲜事，但船上装运的不是货品而是数百个华工，这可就没听过了。据了解，这艘在货舱塞满了大清国民工的外籍货船，是外国的人口贩子为了赚取高额的利润，用尽诱骗加胁迫的手段，在各地拐骗农民及贫民，准备运往外国从事苦力工作的。由于船上的条件极为恶劣，一堆人挤在不见天日的货舱之中，晕船的呕吐物及排泄物弄得臭气熏

天，伙食完全像猪吃的一样，能够撑过长达几十天航程的人恐怕只是少数。由于在船上开伙时，都用一个木盆盛饭，然后用那种农家叫唤猪崽的声音要他们前来吃饭，所以这些前往国外的民工也被叫作"猪仔"。在人口贩子大赚黑心钱的同时，只怕这些可怜的华工要踏上的将是九死一生的旅途。

英国借故再动干戈　兵舰入虎门武力恫吓

　　随着开放洋人进入通商口岸，当地百姓与外国人之间的冲突事件也日趋频繁。今年二月，因佛山民众殴伤了七名进入当地游览的洋人，还意外引发了中英两国之间的紧张情势。英使德庇时在听到英国人被欺负的消息之后，便带着两艘火轮船及二十余艘小船，上面载着一千余名英国士兵，趁着虎门炮台守台军官不在，而兵丁仅剩数人的机会，强行占据了虎门炮台并钉塞了沿途八百二十七门大炮的炮眼，完全解除了清军的防卫力量。英军随后进入内河，以开战为威胁向清方提出抗议，并提出惩治凶犯、赔偿和准许英国人进入广州等要求，还限清方于八个小时之内答复。最后两广总督耆英在与英国人进行四次会商之后，杖责了肇事民众并赔了一大笔钱。但进城一事则因民怨沸腾，所以仍商定于两年以后再行实施。不过经记者深入调查，当初那七名闯入佛山的洋人中，包括六名英国人和一名美国人，他们虽然因为和当地民众起了冲突而被丢石块，但官兵在不久后便赶到现场处理并将他们救出，在当时也确认过并没有受伤。不过，德庇时仍是抓住了这个机会，以此细故当作借口，发起新一波的军事行动，以谋取更多的利益及谈判空间。

洪秀全洗礼被拒　弃广州另觅旧友
冯云山积极耕耘　上帝会广西兴起

几年前与好友冯云山一同草创了"拜上帝会"的洪秀全，由于自己对基督教教义一知半解，招收信徒的工作也一直没什么进展，于是便决定前往广州参加美国传教士罗孝全开办的读经班学习福音知识。在罗孝全的指导下，自称上帝幼子、耶稣之弟的洪秀全，才终于读到了《新旧约圣经》。不过罗孝全却认为他的思想有问题，而拒绝为其洗礼，于是洪秀全只好于今年七月到广西紫荆山去找冯云山会合。相较于洪秀全在广州屡受挫折，

冯云山于几年前到广西之后可说是大有发展。在紫荆山山区中，有许多长年住在深山中斫木烧炭、食不充饥、衣不蔽体的烧炭人。冯云山便时常去向他们嘘寒问暖或提供一些服务，然后利用机会传教，宣扬洪秀全奉天诛妖的伟大使命，并建立当地拜上帝会的组织。如今，信徒们日夜期盼的救世主洪秀全竟然真的出现在他们面前，令他们形成了一股令人无法忽视的力量。

放枪打鸟任意入村　双方再爆冲突

今年十月间，有几个英国商人乘着雇来的船在广东内河打鸟游玩，当他们来到黄竹歧附近时，见到景色不错，便登岸擅自进入村中，并肆无忌惮地放枪猎鸟。村民们听到枪声后，以为发生了什么大事，便纷纷赶来，结果竟然发现是英国人在他们村子里胡闹，而围观的村民也开始鼓噪起哄。被围在中间的英国人见到这种情形，害怕自己被这群村民给生吞活剥，于是情绪由惊恐转变为

暴怒，便试图拿起手中的长枪来逼退乡民。不过此举却激怒了群众，导致失控的村民一拥而上，在混乱中殴毙了数个外国人，而村民也有一人死亡一人重伤。事后，英方要求清政府将本案凶犯全部处决，并威胁要烧毁邻近的数个村落。在官府逮捕了当时参与的十五个村民，并与英方据理周旋，处死了为首的数名嫌犯之后，才平息了这件事。

宣教损地主权益　冯云山被捉送官

在抵达紫荆山后，洪秀全与冯云山更积极地展开宣传拜上帝会的行动。不久，附近乡村的贫苦农人及游民，都因为向往那种只要拜了上帝便人人有衣有食、无灾无难的生活，而纷纷入教，人数也一下子增加到好几千人。为凝聚会众的向心力，他们对外采取了激烈的行动，捣毁了邻近地区的许多社坛庙宇。然后向当地的民众公开宣传教义，要所有人都一起来敬拜上帝。讲到最后，几乎变成了要基层农民摆脱地主控制、甩掉政府捆绑的政治鼓动。眼看着底层农民的情绪被逐渐挑起失控，

广西很多基层百姓在冯云山的鼓动之下入教

别走啊，都没人做事了。

我们要去拜上帝了。

乡绅地主们怕自己的权益受损，所以也采取了相应的行动。十一月时，身兼地主身份的生员王作新，便组织了当地的武装民兵把冯云山给捉了起来，准备押往官府问罪。不过人才押到半路，便被拜上帝会的信众给抢了回去。可是王作新并没有就此放弃，一个月之后，他又组织了一支武装民兵，再度活捉了冯云山。在有了上次人半途被抢走的经历之后，王作新加强了警戒，终于顺利地把冯云山押到了桂平县衙，并用结盟聚会、不从律法的罪状来控告他。目前洪秀全等人已经急得如热锅上的蚂蚁，正在想尽各种方法筹钱，想通过贿赂官员的手段来把冯云山解救出来。

教士与百姓又起纠纷
英领事越权发最后通牒

有三名英国的传教士，在二月时违反只能在通商口岸活动的规定，到青浦去散发宣传小册。当时因为民众及水手争相索取，场面非常混乱。为了维持秩序，其中一位传教士竟拿起手杖，像是打狗一样在民众的头上乱打，而且不小心把一个水手的脸给弄伤了。于是气愤的水手们群起抗议，将传教士给团团围住。虽然局面一度紧张，但不久后当地官府便派衙役将传教士救了出来。只是，英国上海领事阿礼国却以此为借口，又向苏松太道提出惩凶赔偿的要求，同时还蛮横地以武力封锁了港口，然后派人乘舰前往南京，向两江总督李星沅发出最后通牒，以开战作为恫吓。为了安抚英国人，李星沅便上奏将青浦知县、苏松太道两人双双革职，还把那天起来反抗的水手们枷号，并赔偿了英国传教士的财物损失。评论家指出，在此事件中，无辜的水手和

洋舰锁港口武力恫吓
清政府怕事竟不吭一声

民众遭到了殴打，而清方竟在阿礼国的威吓之下便满足其无理的要求。同时，对于阿礼国以武力封锁大清的港口、仅以领事的身份便向清政府发出最后通牒，以及未经允许便派军舰进入长江的种种越权行为，竟然都没有提出抗议或发表任何谴责，无疑会让英国人以为清政府默许了这样的行为，而更加助长其气焰。

你给我小心一点！

是……是……

彰化夺命强震　一千多人死亡

位处地震带的台湾，继道光二十五年（一八四五年）发生严重地震，造成三百多人死亡及七千多栋房屋倒塌的惨剧之后，目前又传出灾情。一起台湾有史以来最严重的超强地震，又夺去彰化地区一千零三十条人命，近一万四千座房屋全毁，受灾面积广达二百余里之远。目前政府正全面投入救灾之中，财产损失则是难以估计。

天父耶稣相继附身显灵　杨秀清萧朝贵跻身高层

近来于广西急速成长的"拜上帝会"，在首脑之一的冯云山被捕之后，陷入了一片混乱。由于绝大部分的信徒都是贫穷人家，所以光是为了筹集把冯云山救出来的贿款，就已经几乎清空了所有人手头上的那一丁点铜钱。而洪秀全也不得不为此回到他的老家广东去到处奔走，以便能够尽快地把人救出来。但由于两大领袖都不在其位，使得几千名信徒一时之间失去了中心，没有人可以出来领导。这时，一名叫作杨秀清的信徒便在大家面前摇头晃脑地起了乩，宣称天父附体在他身上，然后发号施令，稳住了局势。等到洪秀全及冯云山回来之后，由于局势已成，所以也不得不承认杨秀清确实是代天父传言的。过了没多久，另一个会众萧朝贵也在一个机会中加以模仿，号称他被耶稣下凡附身了。而讽刺的是，当初洪秀全是以天父幼子、耶稣之弟的身份创立拜上帝会的，如今杨秀清让天父附身，萧朝贵则是耶稣的代言人，只要他们起乩的话，那洪秀全的身份反而在他们之下了。而这两个人也因为这样，跻身拜上帝会的领导阶层。

年度热搜榜

【道光二十九年】公元一八四九年

房客自动升等变房东　葡萄牙总督无理占澳门

　　澳门总督亚马喇见香港总督文翰派军舰进入广州，认为这是他夺取澳门的最佳时机。于是便径自宣布澳门为自由港，下令封闭大清的粤海关办公处，并驱逐澳门同知（地方行政长官），还停付了每年五百两白银的租金。

更令人生气的是，他不但规定华人擅离澳门者，将马上没收其家产，还强占澳门以北的部分地段，然后铲平许多华人的祖坟拿来修建马路。亚马喇的种种行径，已经激起了当地华人极大的不满与仇恨。

法国取得上海租界

英国在数年前（一八四五年）取得上海的租界地之后，不论是管理、建设都依照自己的意思去进行，连带地增加了许多附加的利益，使得其他国家也都想要像英国那样，可以在繁华的通商口岸有一块属于自己的租界地。法国驻上海领事敏体尼为此就多次向清方提出要求，直到日前，苏松太道麟桂只好允其所请，发布了公开告示，将一片面积九百八十六亩的区域，划为法国人的居留地。一般预料，此后西方各国将援引此例，在上海划出一块一块的租界。

俄军舰入黑龙江 强占港湾还命名

趁着英国在鸦片战争中把大清弄得焦头烂额之时，对中国领土一直存有野心的沙俄也采取了实际的行动。今夏，俄国的海军炮舰便由海上入侵了黑龙江口及库页岛，不但强占了黑龙江河口湾附近北岸的两处港湾，还毫不客气地分别将其命名为幸福湾及圣尼古拉湾。国际局势专家表示，未来俄军一定会在此建立军事营地，以造成占领的既成事实。届时不论大清国如何抗议，除非诉诸武力，否则俄国人是不可能将吞到肚子里的领土给吐出来的。

在俄国强行占领港湾之后，未来清政府将很难再从俄人的手中要回来

187

英国人依约请求入城　粤督不理断然拒绝

由于两广总督耆英在前年（一八四七年）时曾经允诺，一定会在两年后开放让英国人得以依法安全地进入广州城内。于是香港总督文翰便于不久之前，再向清方询问何时可以入城的相关事宜。但因为之前主事的耆英已被召回北京，继任的两广总督徐广缙、广东巡抚叶名琛又是强硬派，所以便断然拒绝英国人进城的请求，还组织了近十万人的乡勇民兵作为后盾。而文翰因为尚未做好战争的准备，也只好先将入城一事暂时搁置。不过，由于翻译上一些技术性的问题，清廷以为英国人永远放弃了入城的权利，便封爵奖赏立了大功的徐广缙与叶名琛二人。结果此举又引起英国人的不满，据说英国外交大臣巴麦尊已经下令，要文翰率领兵船北上为此提出交涉。一般认为，若此事处理不当的话，又将引发另一波的军事冲突。

澳督被刺身亡　凶犯自首判死
澳门被占问题　政府无力解决

年初，澳门总督亚马喇在没有任何法律依据的情况下宣布澳门为自由港，并将大清的官方人员逐出，任意损毁华人祖坟等种种的恶行，终于反噬自身。日前，当亚马喇骑马行至边界围栅时，竟被突然出现的一群清朝人给刺杀身亡。消息一传出，西方各国为之震动，不但葡萄牙方面于几天后马上派兵占领了边界的巡哨及炮台，连英国也派出两艘军舰前来声援葡人的行动。同时，他们还约了法国与美国的公使，一同向清政府施压及抗议。就在这起事件快要演变成国际冲突时，刺杀行动的主谋沈志亮自己向广州当局投案了，而清政府也在各国不断的施压之下，将嫌犯处以死刑。虽然大清官方对此事件做出了交代，但对于澳门被葡萄牙人强占的问题，却是无力解决。

广西会党遭官军围剿　拜上帝会聚各股残部

近几年来，广西百姓生活无以为继，加上天地会、三合会等会众又械斗成习、结伙成党，不但四处打家劫舍，甚至连官府也不放在眼里，使得当地的乱象几乎到了无法收拾的地步。地方官员无力应付这些状况，又怕向上呈报会影响自己的仕途发展，所以便只好设法隐瞒，然后再予以招抚。只是随着时间的不断流逝，情况也更加恶化。直到中央政府察觉的时候，已经有二十几股起义军各据山头，有的甚至占领地方县城了。于是清廷派出钦差大臣，并从各省调来大批的军力，对三合会、天地会等反抗势力展开围剿。经过政府军的一番努力，许多起义军被肃清。不过出乎官军意料的是，这些被剿散的各股力量，因为无处可栖，竟然渐渐地汇聚到金田附近洪秀全所创的拜上帝会去了。原本没有把拜上帝会放在眼里的官军，在惊觉其坐大之后，也开始将矛头指向金田，准备强力平定这股新兴的起义军。

热搜事件榜单

190

191

炮台被毁

- 政府立法严惩枪手加入械斗
- 全国人口总数突破四亿

131 公元一八三五年

- 亡羊补牢　清军增修虎门炮台
- 节俭成性　道光龙袍满是补丁　官员跟风　奢靡外罩清廉破衣

132 公元一八三六年

- 许乃济提出弛禁鸦片获青睐　鸦片商兴高采烈增加进口量
- 关税大不同　中外相差数十倍　英国狠赚茶叶税
- 严禁论者炮火猛烈　鸦片问题尚未定局

134 公元一八三七年

- 粤督要求遣去鸦片趸船　义律拖延导致关系紧张

【专题报道】鸦片的走私手法

- 英政府重申立场　不赞成鸦片走私
- 廓尔喀进贡先进火炮　道光帝退回错失良机

138 公元一八三八年

- 鸦片严禁派再度出招　黄爵滋林则徐具折上奏
- 马他伦率领英舰进入穿鼻　邓廷桢态度强硬要求驶离
- 官员监守自盗　鸦片不翼而飞
- 道光拍板严禁鸦片　广州抗英民情沸腾
- 林则徐受命钦差　赴广东查禁鸦片
- 惊人发现！洋人"弱点"大揭秘

【专题报道】鸦片危机

142 公元一八三九年

- 玩真的！林则徐包围商馆　英商承诺缴烟
- 虎门销烟　大快人心　两万箱鸦片全数销毁　市值近一千二百万两

【专题报道】林则徐的销烟法

- 做贼的喊捉贼　英商拒签保证书　反控中方侵权
- 林维喜被殴致死　义律拒交凶嫌　中英情势紧张
- 要求补给　四英舰入九龙湾　双方交火　英暂退等候援军
- 英阻商船入港贸易　穿鼻海战清军不敌
- 官涌山击退英舰　道光下令断绝英国贸易

152 公元一八四〇年

- 英国国会通过侵华提案　庞大舰队远征东方古国
- 英军抵华封锁珠江口　闪电北上夺得舟山岛
- 黑的说成白的！各地捷报频传？
- 未逢海上入寇　天津几无防备　英国舰队直指心脏　道光皇帝终于惊醒
- 英国人含冤求昭雪？道光允惩林则徐！
- 英军余姚失利军官被俘　道光拉下林邓裁撤守军
- 远征军水土不服　染疾逾三分之一
- 沿海督抚奏请添设船炮　小气皇帝只允修补古董
- 双方议和未有共识　义律扬言再启战端
- 英舰强压虎门炮台　琦善口头答应割地赔款
- 军事装备悬殊　宛若不同时代

159 公元一八四一年

- 英军强占香港　大清向英宣战

195

- 释俘还城仍谈不拢　双方再战无可避免
- 洋舰攻陷虎门炮台　直入珠江进逼广州
- 洋人大炮既远又准必有鬼　杨芳征集尿罐亵衣破妖术
- 靖逆将军突袭反溃败　广州和约赔银六百万
- 残暴英军误捅了马蜂窝　三元里民众战胜正规军
- 十分会编……　奕山打仗不怎么行　编起故事无人能敌
- 台风来袭　阻断义律北征计划
- 璞鼎查上场　英舰队北进　定海、镇海、宁波相继陷落
- 钟勤王湖北举反旗

165　公元一八四二年

- 英舰犯台搁浅　洋人上岸被俘
- 政府军扫平湖北动乱
- 虎年虎月虎日虎时　奕经择吉时出战浙江　英军获情报重创清兵
- 乍浦坚守不敌洋炮　士兵战死妇女自尽
- 吴淞炮台顽抗全阵亡　上海守军逃跑丢重镇
- 政府军血战丢镇江　郭士立一人饰三角
- 《南京条约》签订　全照英方所求
- 《南京条约》一经签署　皇帝驳回造舰计划
- 被俘英军遭正法　有功官员遭逮问
- 广州反英情绪高涨　英国人被殴不敢进城

171　公元一八四三年

- 魏源巨作问世　《海国图志》编成　辑录最新世界地理人文科技
- 国库存银短缺九百万两
- 领事裁判　关税协定　大清主权正被逐步侵吞
- 耶稣之弟现身　拜上帝会成立

- 大雨连月　黄河决口　河南直隶受灾严重
- 鸦片战后未思求变　国家未来令人担忧
- 片面最惠国待遇　英舰五口岸停泊　补充条款词句未深思　几行文字严重失权益

176　公元一八四四年

- 中美签订《望厦条约》
- 美国欲赠军事新知　耆英轻信和约婉拒
- 趁火打劫　法国也来签条约

178　公元一八四五年

- 地震台风袭台　三千多人丧命
- 上海官员自动奉上　英国租界正式成立

179　公元一八四六年

- 长官只出一张嘴　出错又是下属扛　广州反英运动闹大　知府刘浔替罪丢官
- 澳门马礼逊学院资助　容闳三学生赴美留学
- 大清将沦为第二个印度？　美使对英国人野心有所警觉

181　公元一八四七年

- 外国人口贩子大赚黑心钱　本土华工遭拐骗塞满货舱　环境恶劣　九死一生
- 英国借故再动干戈　兵舰入虎门武力恫吓
- 洪秀全洗礼被拒　弃广州另觅旧友　冯云山积极耕耘　上帝会广西兴起
- 放枪打鸟任意入村　双方再爆冲突
- 宣教损地主权益　冯云山被捉送官

184　公元一八四八年

- 教士与百姓又起纠纷　洋舰锁港口武力恫吓　英领事越权发最后通牒　清政府怕事竟不吭一声

196

- 彰化夺命强震　一千多人死亡
- 天父耶稣相继附身显灵　杨秀清萧朝贵跻身高层

186　公元一八四九年

- 房客自动升等变房东　葡萄牙总督无理占澳门

- 法国取得上海租界
- 俄军舰入黑龙江　强占港湾还命名
- 英国人依约请求入城　粤督不理断然拒绝
- 奥督被刺身亡　凶犯自首判死　澳门被占问题　政府无力解决
- 广西会党遭官军围剿　拜上帝会聚各股残部

北京市版权局著作权合同登记号　图字：01-2017-6855

图书在版编目（ＣＩＰ）数据

清朝热搜榜. 盛极而衰卷 / 黄荣郎著. -- 北京：中国法制出版社，2024.4
　ISBN 978-7-5216-4310-7

　Ⅰ. ①清… Ⅱ. ①黄… Ⅲ. ①中国历史－清代－通俗读物 Ⅳ. ①K249.09

中国国家版本馆CIP数据核字(2024)第049961号

策划编辑：李　佳　孙璐璐

责任编辑：刘冰清　　　　　　　　　　　　　　封面设计：汪要军

清朝热搜榜. 盛极而衰卷

QINGCHAO RESOUBANG. SHENGJI 'ERSHUAI JUAN

著者 / 黄荣郎

经销 / 新华书店

印刷 / 三河市紫恒印装有限公司

开本 / 710 毫米 × 1000 毫米　16 开　　　　　印张 / 13.5　字数 / 290 千

版次 / 2024 年 4 月第 1 版　　　　　　　　　2024 年 4 月第 1 次印刷

中国法制出版社出版

书号 ISBN 978-7-5216-4310-7　　　　　　　　　定价：55.00 元

北京市西城区西便门西里甲 16 号西便门办公区

邮政编码：100053　　　　　　　　　　　　　传真：010-63141600

网址：http://www.zgfzs.com　　　　　　　　编辑部电话：010-63141837

市场营销部电话：010-63141612　　　　　　印务部电话：010-63141606

（如有印装质量问题，请与本社印务部联系。）